农民专业合作社财务会计手册

北京商业管理干部学院　主编

金 盾 出 版 社

内 容 提 要

《农民专业合作社财务会计手册》依据《中华人民共和国农民专业合作社法》、《农民专业合作社财务会计制度（试行）》编写，重点讲解了农民专业合作社主要经济业务的财务会计核算方法，包括：合作社资产、负债、所有者权益的核算；合作社收入、成本和费用、盈余的核算；合作社会计报表编制、阅读和分析。在编写中力求做到简明扼要、易学易懂、实务突出、可操作性强，是农民专业合作社财会人员、理事长、监事长学习农民专业合作社财务会计知识的理想教材。

图书在版编目(CIP)数据

农民专业合作社财务会计手册/北京商业管理干部学院主编．— 北京：金盾出版社，2013.6(2017.5 重印)
ISBN 978-7-5082-8188-9

Ⅰ.①农…　Ⅱ.①北…　Ⅲ.①农业合作社—专业合作社—财务会计—中国—手册　Ⅳ.①F302.6-62

中国版本图书馆 CIP 数据核字(2012)第 047067 号

金盾出版社出版、总发行
北京太平路 5 号（地铁万寿路站往南）
邮政编码：100036　电话：68214039　83219215
传真：68276683　网址：www.jdcbs.cn
封面印刷：北京凌奇印刷有限责任公司
正文印刷：北京军迪印刷有限责任公司
装订：北京军迪印刷有限责任公司
各地新华书店经销

开本：850×1168 1/32　印张：5.25　字数：127 千字
2017 年 5 月第 1 版第 5 次印刷
印数：25 001～31 000 册　定价：12.00 元

前　言

财务管理是农民专业合作社发展的薄弱环节。尽管农民专业合作社法规做了明确的规定，农民专业合作社对成员出资、公积金、国家财政直接补助、他人捐赠以及合法取得的其他资产所形成的财产，享有占有、使用和处分的权力，并以上述财产对债务承担责任。要实现这样的要求，保障社员的权利，就必须依靠严格的财务管理，但从目前的情况看，农民专业合作社财务管理还存在不少问题。

从主观方面看，财务管理工作的重视程度不够，没有从思想上给予足够的重视。合作社成员的财务管理意识比较淡薄，观念比较落后，财务知识比较欠缺，意识不到规范会计核算监督和加强财务管理的重要性，正是由于主观思想上的忽视，才会导致客观行为上的很多漏洞。因此，合作社在思想上忽视了财务管理工作的重要性，才会导致在实际的财务工作中有很多不完善的地方。

从客观方面看，由于合作社业务相对于工业企业来说比较少，收入也有限，为了降低成本，没有按照会计法的规定及时配备专职或兼职的会计和出纳。会计、出纳岗位由理事长、监事长或本社社员代理，或者聘用村会计、出纳兼任，而有些聘用的会计、出纳不具备会计从业资格，无证上岗，违反了会计核算制度。农民专业合作社的财务人员多为兼职，即使是专门的会计人员也大部分来自社员，没有专业的会计和财务知识，不懂会计核算，根本不能发挥会计工作的核算和监督职能。加之财务管理制度不健全，执行不到位，没有内部控制制度，缺少必要的会计监督制度。

有的合作社没有或无法建立内部审计部门，即使有也很难保证内部审计的独立性，缺乏必要的财务监督机制；另外，多数合作社成员财务知识比较匮乏，即使公开合作社财务状况，许多成员也看不懂，根本起不到监督作用，同时，外部监督也没能更好的发挥作用。

培养大量合格的财务会计人员，是当前发展专业合作社非常必要的基础工作。为此，北京商业管理干部学院组织专家学者编写了《农民专业合作社财务会计手册》。《农民专业合作社财务会计手册》依据《中华人民共和国农民专业合作社法》、《农民专业合作社财务会计制度（试行）》编写，重点讲解了农民专业合作社主要经济业务的财务会计核算方法，在编写中力求做到简明扼要、易学易懂、实务突出、可操作性强。

《农民专业合作社财务会计手册》由北京商业管理干部学院党委书记、院长杨谦主持编写，参加编写的人员有北京商业管理干部学院享受国务院政府特殊津贴专家高其富、北京商业管理干部学院供应商研究中心主任赵君。

北京商业管理干部学院

目　录

第一章 概 述

第一节 农民专业合作社

一、什么是农民专业合作社

农民专业合作社是在农村家庭承包经营基础上，同类农产品的生产经营者或者同类农业生产经营服务的提供者、利用者，自愿联合、民主管理的互助性经济组织。

农民专业合作社以其成员为主要服务对象，提供农业生产资料的购买，农产品的销售、加工、运输、贮藏以及与农业生产经营有关的技术、信息等服务。

为了支持、引导农民专业合作社的发展，规范农民专业合作社的组织和行为，保护农民专业合作社及其成员的合法权益，促进农业和农村经济的发展，2006 年 10 月 31 日国家颁布了《中华人民共和国农民专业合作社法》(以下简称《农民专业合作社法》)，并于 2007 年 7 月 1 日实施。

二、农民专业合作社的基本原则

《农民专业合作社法》规定农民专业合作社应当遵循下列原则。

(一)成员以农民为主体

《农民专业合作社法》规定，农民专业合作社的成员中，农民至少应当占成员总数的 80%；成员总数在 20 人以下的，可以有一个企业、事业单位或社会团体成员；成员总数超过 20 人的，企业、事业单位和社会团体成员不得超过成员总数的5%。

(二)以服务成员为宗旨,谋求全体成员的共同利益

合作社主要服务对象是合作社成员,主要为成员提供农业生产资料的购买,农产品的销售、加工、运输、贮藏以及与农业生产经营有关的技术、信息等服务,谋求全体成员的共同利益。

(三)成员地位平等,实行民主管理

农民专业合作社的权力机构是成员代表大会,成员代表大会由合作社全体成员组成,成员可以通过民主程序直接控制本社的生产经营活动。

(四)盈余主要按照成员与农民专业合作社的交易量(额)比例返还

《农民专业合作社法》明确规定,农民专业合作社的可分配盈余按成员与本社的交易量(额)比例返还部分不得低于可分配盈余的60%;在按成员与本社交易量(额)比例返还后的剩余盈余部分,以成员账户中登记的出资额和公积金份额,以及本社接受国家财政直接补助和他人捐赠的财产平均量化到成员的份额,按比例分配给本社成员。

三、农民专业合作社的作用

党的十六大以来,特别是《农民专业合作社法》实施以来,在党中央、国务院的坚强领导下,各地认真贯彻中央精神,落实法律要求,加大扶持力度,强化指导服务,推动了农民专业合作社的蓬勃发展。一是数量快速增长。到2012年一季度末,全国依法登记的专业合作社达到55.2万家,实有入社农户达到4 300多万户,约占农户总数的17.2%,专业合作社已经成为我国农村重要的现代农业经营主体。二是产业分布广泛。涉及种养、加工和服务业,其中种植业约占44%,养殖业达29%,涵盖粮棉油、肉蛋奶、果蔬茶等主要产品生产，并逐步扩展到农机、植保、民间工艺、乡村旅游、休闲农业等多个领域。三是能力逐步提升。越来越多的专业合作社从简单的技术、信息服务向农资供应、统防统治服务延伸，由产前产中服务向产后的包装、储藏、加工、流通服务拓展，有的还开始兴办内部信用合作业务。到 2011 年底，提供产销一体化服务的专业合作社达到 48.9%，专业合作社共兴办 11.1 万个加工企业，在城市社区设立 2.6 万个直销点。

我国农民专业合作社正由数量扩张向数量增长与质量提升并重的方向转变；由注重生产联合向产销一体化经营方向转变；由单一要素合作向劳动、技术、资金、土地等多要素合作方向转变。在推进农业现代化、促进农民增收、建设社会主义新农村中发挥着越来越重要的作用。

第一，提高了农业组织化程度。专业合作社通过农户的联合，组织带领农民“抱团”参与市场竞争，极大地提高了农业生产和农民进入市场的组织化程度。2011 年底，实现统购统销服务 80%以上的专业合作社达到了 55%。许多合作社加强横向联合与合作，把单个合作社“小舢板”变成“大舰队”，增强了市场竞争能力。2011 年底，全国各类联合社已达 2 140 个。江苏引导和支持专业合作社建立销售联社，统一产品销售。目前，该省已有 73 家销售联社，带动 1 285 家专业合作社进城直销农产品，2011 年实现销售收入 7.4 亿元。专业合作社集成利用土地、资金、技术等要素，推动了优势特色产业规模扩大和配套产业的形成，有力地促进了农业适度规模经营发展。截至 2011 年底，专业合作社转入的土地面积已达 3 055 万亩，占到全国耕地流转总面积的 13.4%。黑龙江省克山县仁发现代农业农机专业合作社通过土地流转，经营面积已达 2.25 万亩。

第二，提升了农业整体素质。专业合作社的发展，推进了农业生产经营标准化、专业化、集约化和品牌化，推动了农业产业结构的调整和优化升级。专业合作社已成为实施标准化生产的重要主体。专业合作社发挥自我管理、相互监督的独特功能和内生机制，根据市场需求，组织农户按照相关标准和技术规程开展农业生产，加快了农业标准化进程，保障了农产品质量安全。2011年底，全国已有2.6万家专业合作社，实现了产品质量可追溯。专业合作社已成为农业新品种、新技术推广应用的重要载体。专业合作社积极引进和应用优良品种，广泛采用先进的种养技术，加大试验示范和推广力度，解决了科技推广到户的“最后一公里”、“最后一道坎”难题。目前，全国95%以上的专业合作社都能为农户提供多种形式的技术推广服务。专业合作社已成为农业品牌战略的实施主体。不少专业合作社注重品牌培育，积极开展商标注册和产品认证，申报地理标志。目前，全国已有4.6万家合作社注册了商标，有的还获得了中国著名商标、著名品牌和驰名商标称号，有3.1万家专业合作社通过了无公害、绿色、有机等产品质量认证，1 523家通过了农产品地理标志认证。

第三，增加了农民收入。专业合作社成为农民增收致富的重要渠道。一方面，专业合作社统一采购农业投入品和销售农产品，帮助成员实现了节本增效。2011年，专业合作社统一购买农业投入品总值达2 028亿元，统一销售成员农产品总值达9 520亿元，分别比2010年增长49.4%和66.7%。另一方面，专业合作社自办或参股农产品加工流通企业，增加了产品加工流通环节的增值收益，并按交易量和入社股份向成员返还盈余，进行二次分配。2011年，专业合作社创办的加工企业实现销售收入达424亿元，成员从专业合作社获得的盈余返还达168亿元。据各地上报统计，入社农户的收入普遍比其他农户高出20%以上，有的甚至高出50%以上。第四，创新了农村社会管理机制。在家庭经营的基础上把分散的农户组织起来，通过促进经济发展营造了积极向上的良好社会风尚，通过组织运作打牢了民主管理的现实基础，通过传播合作思想弘扬了诚信友爱的和谐文化，为创新农村社会管理形式找到了新平台。河北省肃宁县在全县农村推行基层党组织、基层民主组织、经济合作组织、农村维稳组织全覆盖工作模式，健全了农村基层组织群众、宣传群众、服务群众的组织体系，把广大农民群众组织起来，在经济上保障了农民的物质利益，在政治上维护了农民的民主权利，促进了农村经济发展和社会的和谐稳定。据我部统计，目前约有1.6万家农民专业合作社内部建立了党组织，专业合作社正在成为新形势下党领导农业农村经济工作的重要组织载体。

第二节 农民专业合作社财务会计

一、农民专业合作社财务会计制度

为了规范农民专业合作社会计工作，保护农民专业合作社及其成员的合法权益，2007年10月20日财政部财会【2007】15号文件颁布了《农民专业合作社财务会计制度（试行）》，要求自2008年1月1日起施行。《农民专业合作社财务会计制度（试行）》对合作社的财务会计工作提出以下要求。

第一，《农民专业合作社财务会计制度（试行）》适用于依照《农民专业合作社法》设立并取得法人资格的合作社。

第二，合作社应根据《农民专业合作社财务会计制度（试行）》规定和会计业务需要，设置会计账簿，配备必要的会计人员。不具备条件的，也可以本着民主、自愿的原则，委托农村经营管理机构或代理记账、核算。

第三，合作社应按照《农民专业合作社财务会计制度（试行）》规定，设置和使用会计科目，登记会计账簿，编制会计报表。

第四，合作社的会计核算以人民币“元”为金额单位，“元”以下填至“分”；采用权责发生制；应当划分会计期间，分期结算账目，会计年度自1月1日起至12月31日止。

第五，会计记账方法采用借贷记账法。《农民专业合作社财务会计制度（试行）》规定，会计记账方法采用借贷记账法。借贷记账法是以资产等于负债加所有者权益的平衡关系作为理论依据；以“借”和“贷”作为记账符号；以“有借必有贷、借贷必相等”作为记账规则；以所有账户的借方发生额或借方余额与所有账户的贷方发生额或贷方余额自然平衡，作为检查账户记录是否正确和完整的一种复式记账方法。

第六，合作社会计信息应定期、及时向本合作社成员公开，接受成员的监督。对于成员提出的问题，会计及管理人员应及时解答，确实存在错误的要立即纠正。

第七，财政部门依照《中华人民共和国会计法》规定职责，对合作社的会计工作进行管理和监督；农村经营管理部门依照《农民专业合作社法》和有关法规政策等，对合作社会计工作进行指导和监督。

二、合作社会计凭证

会计凭证是记载经纪业务发生，明确经济责任的书面文件，是记账的依据。合作社每发生一项经济业务，都要取得原始凭证，并据以编制记账凭证。

各种原始凭证必须具备：凭证名称、填制日期、填制凭证单位名称或者填制人姓名、经办人员的签名或者盖章、接受凭证单位名称、经济业务内容、数量、单价、金额。

记账凭证必须具备：填制日期、凭证编号、经济业务摘要、会计科目、金额、所附原始凭证张数等，并须由填制和审核人员签名盖章。

所有会计凭证都要按规定手续和时间送会计人员审核处理。填制有误和不符合要求的会计凭证，应要求修正和重填。无效、不合法和不符合财务制度规定的凭证，不能作为收付款项、办理财务手续和记账的依据。会计人员应根据审核无误的原始凭证，填制记账凭证，并据以登记账簿。记账凭证可以根据每一原始凭证单独填制，也可以根据原始凭证汇总表填制。一定时期终了，应将已经登记过账簿的原始凭证和记账凭证，分类装订成册，妥善保管。

三、合作社会计账簿

会计账簿是记录经济业务的簿籍，是编制会计报表的依据。合作社应设置现金日记账和银行存款日记账、总分类账和各种必要的明细分类账。

现金日记账和银行存款日记账，应由出纳人员根据收、付款凭证，按有关经济业务完成时间的先后顺序进行登记，一律采用订本账。

总分类账按照总账科目设置，对全部经济业务进行总括分类登记。明细分类账按明细科目设置，对有关经济业务进行明细分类登记。

总分类账可用订本账或活页账；明细分类账可用活页账或卡片账。对于不能在日记账和分类账中记录的，而又需要查考的经济事项，合作社必须设置备查账进行登记。

四、合作社会计凭证、会计账簿的使用和管理

合作社所使用的各种会计凭证和会计账簿的内容和格式，应符合《中华人民共和国会计法》、《会计基础工作规范》（财会字【1996】19号）和《会计档案管理办法》（财会字【1998】32号）等规定。

启用新账，必须填写账簿启用表，并编制目录。旧账结清后，要及时整理，装订成册，归档保管。

账簿登记要做到数字准确、摘要清楚、登记及时。各种账簿的

记录，应定期核对，做到账证相符、账实相符、账款相符、账账相符和账表相符。

合作社要按照《会计档案管理办法》(财会字【1998】32 号)的规定，加强对会计档案的管理。合作社的会计档案包括经济合同或协议，各项财务计划及盈余分配方案，各种会计凭证、会计账簿和会计报表、会计人员交接清单、会计档案销毁清单等。合作社要建立会计档案室(柜)，实行统一管理，专人负责，做到完整无缺、存放有序、方便查找。

第二章　农民专业合作社资产的核算

资产是过去的交易、事项形成并由农民专业合作社拥有或者控制的经济资源，该资源预期会给农民专业合作社带来经济利益。农民专业合作社的资产按流动性分类包括：流动资产、农业资产、对外投资、固定资产和无形资产。

第一节　流动资产的核算

流动资产是指可以在1年或超过1年的1个营业周期内变现或耗用的资产，农民专业合作社的流动资产主要包括货币资金、应收款项和存货等。

一、货币资金的核算

农民专业合作社的货币资金主要包括库存现金和银行存款两大部分。

(一)库存现金的核算

库存现金是合作社存放在财会部门，由出纳人员经管的货币资金。

1. 账户设置

为了反映和监督库存现金的增减变化和结余情况，合作社应设置“库存现金”账户。“库存现金”是资产类账户，借方登记库存现金增加数，贷方登记库存现金减少数，期末借方余额为合作社库存现金结余数。为了加强对库存现金收支的管理和监督，合作社应设置“库存现金日记账”，由出纳根据现金的收付款凭证逐日逐笔序时登记，每日结束要结算出余额，并与库存现金核对相符，做到日清月结。

2. 主要会计事项举例

【例 2-1】某专业合作社发生系列经济业务。

①销售产品物资一批，价款 3 000 元，收到现金。会计分录为：

借：库存现金　　3 000

　贷：经营收入　　3 000

②从银行提取现金 1 000 元备用。会计分录为：

借：库存现金　　1 000

　贷：银行存款　　1 000

③以现金支付合作社管理费用 2 000 元。会计分录为：

借：管理费用　　2 000

　贷：库存现金　　2 000

④以现金购买产品物资，价款 1 000 元。会计分录为：

借：产品物资　　1 000

　贷：库存现金　　1 000

(二)银行存款的核算

银行存款是合作社存放在银行、信用社和其他金融机构的货币资金。

1. 账户设置

为了反映和监督银行存款的增减变化和结余情况，合作社应设置“银行存款”账户。“银行存款”是资产类账户，借方登记银行存款增加数，贷方登记银行存款减少数，期末借方余额为合作社银行存款结余数。为了加强对银行存款收支的管理和监督，合作社应设置“银行存款日记账”，由出纳根据银行存款的收付款凭证，逐日逐笔序时登记，每日结束要结算出余额，并定期与“银行对账单”核对，通过编制“银行存款余额调节表”与开户银行核对相符。

2. 主要会计事项举例

【例 2-2】某专业合作社发生下列经济业务。

①将库存现金 20 000 元款送存银行。会计分录为：

借：银行存款　　20 000
　贷：库存现金　　20 000

②销售产品物资一批，价款 30 000 元，货已发出并已收到银行的收账通知。会计分录为：

借：银行存款　　30 000
　贷：经营收入　　30 000

③收到合作社成员通过银行汇来欠款 5 000 元。会计分录为：

借：银行存款　　5 000
　贷：成员往来　　5 000

④购买产品物资一批，价款 40 000 元，以银行存款支付。会计分录为：

借：产品物资　　40 000
　贷：银行存款　　40 000

⑤用银行存款支付合作社管理费用 6 000 元。会计分录为：

借：管理费用　　6 000
　贷：银行存款　　6 000

二、应收款项的核算

应收款项是指合作社因销售产品物资、提供服务等形成的，应向有关单位或个人收取的款项。合作社的应收款项分为外部应收款项和本社成员内部应收款项两大类。外部应收款项是合作社与本社成员以外的单位或个人之间发生的应收及暂付款项，包括销售产品物资或提供服务发生的应收款项以及应收的各项赔款、罚款、利息等；本社成员内部应收款项是指合作社与本社成员之间发生的应收及暂付款项。

(一)外部应收款项的核算

1. 账户设置

为了反映和监督合作社外部应收款项的发生、收回和结存情况,应设置“应收款”账户。“应收款”是资产类账户,借方登记外部应收款的发生额,贷方登记外部应收款项的收回或核销额,期末借方余额为合作社外部应收款项的结存额。“应收款”账户应按往来单位或个人设置明细账,进行明细核算。

2. 主要会计事项举例

【例 2-3】某专业合作社发生下列经济业务。

①向本社成员以外的单位销售产品物资一批,计价 2 000 元,货款尚未收到。会计分录为:

借:应收款	2 000	
贷:经营收入		2 000

②上述外部应收款项收回时,会计分录为:

借:银行存款	2 000	
贷:应收款		2 000

③按规定核销无法收回的外部应收款 1 000 元,会计分录为:

借:其他支出	1 000	
贷:应收款		1 000

(二)成员往来的核算

1. 账户设置

为了核算和监督合作社与成员之间发生的应收和应付款项的发生、结算和余额,应设置“成员往来”账户。“成员往来”是双重性质的账户,借方登记合作社与成员之间发生的各种应收款和暂付款以及偿还本社成员的应付款和暂收款;贷方登记合作社与成员之间发生的各种应付款和暂收款以及合作社收回的应收款和暂付款;“成员往来”账户应按本社成员设置明细账,进行明细核算;期末“成员往来”明细账户的借方余额之和是应收款项,期末“成员往来”明细账户的贷方余额之和是应付款项。

2. 主要会计事项举例

【例 2-4】某专业合作社向本社成员销售产品物资一批,价款 11 000 元,产品物资成本 10 000 元,货款尚未收到。

①销售产品物资时,会计分录为:

借:成员往来　　11 000

　贷:经营收入　　11 000

同时结转成本,会计分录为:

借:经营支出　　10 000

　贷:产品物资　　10 000

②收回上述货款时,会计分录为:

借:银行存款　　11 000

　贷:成员往来　　11 000

三、存货的核算

(一)存货的管理

1. 存货的种类

存货是指合作社在生产经营过程中为销售或耗用而储存的各种资产。这些资产经常处于销售或耗用和重置之中,具有鲜明的流动性,属于合作社的流动资产。合作社的流动资产主要包括:种子、化肥、燃料、农药、原材料、机械零配件、低值易耗品、在产品、农产品、工业产成品、受托代销商品、受托代购商品、委托代销商品和委托加工物资等。

2. 存货的计价

合作社的存货按照下列原则计价。

(1)购入　购入产品物资按照买价加运输费、装卸费等费用、运输途中的合理损耗等计价。

(2)生产　生产入库的农产品和工业产成品,按生产过程中发生的实际支出计价。

(3)受托代购商品　受托代购商品视同购入的物资计价。

(4)委托加工物资　委托加工物资验收入库时,按照委托加工物资的成本加上实际支付的全部费用计价。

(5)受托代销商品　受托代销商品按合同或协议约定的价格计价,出售受托代销商品时,实际收到的价款大于合同或协议约定价格的差额计入经营收入,实际收到的价款小于合同或协议约定价格的差额计入经营支出。

(6)委托代销商品　委托代销售商品按委托代销商品的实际成本计价。

(7)存货发出的成本确定　可在“先进先出法”、“加权平均法”、“个别计价法”等方法中任选一种,但是一经选定,不得随意变动。

3. 存货管理基本制度

合作社应当建立健全存货内部控制制度,建立保管人员岗位责任制。存货入库时,保管员清点验收入库,填写入库单;出库时,由保管员填写出库单,主管负责人批准,领用人签名盖章,保管员根据批准后的出库单出库。合作社对存货要定期盘点核对,做到账实相符,年末必须进行一次全面的盘点清查。盘亏、毁损和报废的存货,按规定程序批准后,按实际成本扣除应由责任人或者保险公司赔偿的金额和残料价值后的余额,计入其他支出。

(二)产品物资的核算

1. 账户设置

为了反映和监督合作社各种产品物资的收入、发出和结存情况,应设置“产品物资”账户。“产品物资”是资产类账户,借方按实际成本登记产品物资的增加金额,包括产品物资外购、自制生产、委托加工完成、产品物资盘盈等；贷方按实际成本登记产品物资的减少金额，包括产品物资发出、领用、对外销售、盘亏、毁损；期末借方余额为合作社库存产品物资的实际成本。为了加强产品物资的管理，合作社应按产品物资的品名设置明细账，进行明细核算。

2. 产品物资增减变动会计事项举例

【例 2-5】某专业合作社 2012 年 10 月发生下列业务。

①外购产品物资，价款 10 000 元，货款已支付，产品物资验收入库。会计分录为：

借：产品物资　　10 000

　贷：银行存款　　10 000

②从合作社成员以外购入产品物资，价款 20 000 元，货款尚未支付，产品物资验收入库。会计分录为：

借：产品物资　　20 000

　贷：应付款　　20 000

③从合作社成员内部购入产品物资，价款 30 000 元，货款尚未结算，会计分录为：

借：产品物资　　30 000

　贷：成员往来　　30 000

④合作社自己生产加工的产品物资入库，实际生产成本为 80 000 元。会计分录为：

借：产品物资　　80 000

　贷：生产成本　　80 000

【例 2-6】接例 2-5 资料，该专业合作社 2012 年 10 月还发生下列经济业务。

①月末结转本月产品物资销售 40 000 元。会计分录为：

借：经营支出　　40 000

　贷：产品物资　　40 000

②本月生产领用产品物资 35 000 元。会计分录为：

借：生产成本　　35 000

　贷：产品物资　　35 000

③本月按规则核销盘亏和毁损产品物资计 4 500 元，其中应由本社成员承担 1 000 元，保险公司应赔偿 1 500 元，合作社承担 2 000 元。会计分录为：

借：成员往来　　1 000

　　应收款　　1 500

　　其他支出　　2 000

　贷：产品物资　　4 500

(三)委托加工物资的核算

1. 账户设置

委托加工物资是指合作社委托给外单位加工的物资。为了计算委托加工物资的成本，反映和监督委托加工物资的收入、发出和结存情况，应设置“委托加工物资”账户。“委托加工物资”是资产类账户，借方登记发生的委托加工物资的成本，包括委托加工发生的材料费用、加工费用等；贷方登记完成加工并验收入库的委托加工物资的实际成本；期末借方余额为尚在加工中的委托加工物资已发生的实际成本。“委托加工物资”账户应按加工合同和受托加工单位等设置明细账户，进行明细核算。

2. 主要会计事项举例

【例 2-7】某专业合作社将产品物资委托外单位加工。

①发出委托加工材料，实际成本 34 000 元。会计分录为：

借：委托加工物资　　34 000

　贷：产品物资　　34 000

②支付加工物资的运杂费、加工费等费用共计 23 000 元。会计分录为：

借：委托加工物资　　23 000

　贷：银行存款　　23 000

③收回委托加工物资,加工收回的产成品实际成本 56 000 元。会计分录为:

借:产品物资　　56 000

　贷:委托加工物资　　56 000

④收回委托加工物资预料 1 000 元。会计分录为:

借:产品物资　　1 000

　贷:委托加工物资　　1 000

(四)委托代销商品的核算

1. 账户设置

委托代销商品是指合作社将产品物资委托外单位销售的业务。为了反映和监督委托代销商品的收发和结存情况,应设置“委托代销商品”账户。“委托代销商品”是资产类账户,借方登记合作社委托外单位销售的产品物资的实际成本,贷方登记结转已销售的委托代销商品的实际成本,期末借方余额反映尚未销售的委托代销商品的实际成本。“委托代销商品”账户应按受托单位和委托代销商品品名设置明细账,进行明细核算。

委托代销商品核算的主要会计事项包括:①发出委托代销商品;②确认代销收入,结转销售成本;③计算、结算代销手续费;④收回货款。

2. 主要会计事项举例

【例 2-8】丰收果品专业合作社与某超市签订合同,由超市代销果品。2012 年 10 月发生下列委托代销商品业务。

①发出委托代销商品,总成本 60 000 元。会计分录为:

借:委托代销商品　　60 000

　贷:产品物资　　60 000

②收到代销清单,该批代销商品全部售出,总收入 78 000 元,合同规定超市按销售额的 5%收取手续费。

反映已确认的销售收入时,会计分录为:

借：应收款　　78 000

　贷：经营收入　　78 000

结转销售成本时，会计分录为：

借：经营支出　　60 000

　贷：委托代销商品　　60 000

计算代销手续费时，会计分录为：

借：经营支出　　3 900

　贷：应收款　　3 900

③实际收到销售款 74 100 元。会计分录为：

借：银行存款　　74 100

　贷：应收款　　74 100

(五)受托代购商品的核算

合作社以服务成员为宗旨，接受成员委托代购代销商品是合作社的重要服务内容。

1. 账户设置

为了反映和监督合作社受托代购商品，应设置“受托代购商品”账户。“受托代购商品”是资产类账户，借方登记接受委托代购商品的实际成本，贷方登记交付委托方的代购商品的实际成本，期末借方余额反映尚未交付委托方的代购商品实际成本。“受托代购商品”应按委托方设置明细账，进行明细核算。

2. 主要会计事项举例

【例 2-9】某专业合作社与合作社签订合同，代本社成员代购商品。成员预付代购商品款 100 000 元，款项已存入银行。合同规定本次代购按代购数量的 1%收取手续费，计 1 000 元。主要会计事项处理如下。

①收到成员预付代购款项时，会计分录为：

借：银行存款　　100 000

　贷：成员往来　　100 000

②购入代购商品，实际成本为 105 000 元，款项以银行存款支付。会计分录为：

借：受托代购商品　　105 000

　贷：银行存款　　105 000

③将代购商品交付成员时，会计分录为：

借：成员往来　　105 000

　贷：受托代购商品　　105 000

④计算本次代购手续费 1 000 元，会计分录为：

借：成员往来　　1 000

　贷：经营收入　　1 000

⑤与委托成员结清本次代购往来款项，收到现金 6 000 元。会计分录为：

借：库存现金　　6 000

　贷：成员往来　　6 000

(六)受托代销商品的核算

1. 账户设置

为了核算和监督合作社受托代销商品收发和结存情况，应设置“受托代销商品”账户。“受托代销商品”是资产类账户，借方登记委托代销商品的实际成本，贷方登记售出代销商品的实际成本，期末余额反映尚未销售的受托代销商品实际成本。“受托代销商品”应按委托方设置明细账，进行明细核算。

2. 主要会计事项举例

【例 2-10】某专业合作社 2012 年 10 月 10 日与成员签订代销合同，为成员代销商品一批。代销商品合同规定，该批代销商品合作社与成员按 100 000 元结算，待该批代销商品销售后一次结清。10 月 20 日合作社将该批代销商品全部销售，收到价款 120 000 元。10 月 22 日合作社与成员结清代销商品款项。主要会计事项处理如下。

①10月10日收到受托代销商品时，应按双方约定的代销商品结算价格编制下列会计分录：

借：受托代销商品　　100 000

　贷：成员往来　　100 000

②10月20日反映受托代销商品的销售，并将该批受托代销商品的销售额与合同约定结算价格的差额确认为合作社的经营收入，会计分录为：

借：银行存款　　120 000

　贷：受托代销商品　　100 000

　　经营收入　　20 000

③10月22日与成员结清本次代销款项，会计分录为：

借：成员往来　　100 000

　贷：银行存款　　100 000

第二节　农业资产的核算

农业资产是指具有生命特征的生物资产，并且其自身价值与创造价值的能力随着生命周期不断改变。农民专业合作社的农业资产包括：牲畜（禽）资产和林木资产。

一、农业资产的计价

《农民专业合作社财务会计制度（试行）》规定，农民专业合作社的农业资产按下列原则计价。

①购入的农业资产按照购买价及相关税费等计价。

②幼畜及育肥畜的饲养费、经济林投产前的培植费用、非经济林郁闭前的培植费用按实际成本计入相关资产成本。

③产役畜、经济林木投产后，应将其成本扣除预计残值后的部分在其正常生产周期内按直线法分期摊销，预计净残值率按照产

役畜、经济林木成本的5%确定，已提足折耗但未处理仍继续使用的产役畜、经济林木不再摊销。

④农业资产死亡毁损时，按规定程序批准后，按实际成本扣除应由责任人或者保险公司赔偿的金额后的差额，计入其他支出。

⑤合作社其他农业资产，可比照牲畜（禽）资产和林木资产的计价原则处理。

二、牲畜（禽）资产的核算

（一）账户设置

为了反映和监督合作社牲畜（禽）资产价值的变化，应设置“牲畜（禽）资产”账户。“牲畜（禽）资产”是资产类账户，借方登记因购买、接受投资、接受捐赠等原因增加的牲畜（禽）资产的成本，以及幼畜及育肥畜的饲养费用；贷方登记因出售、对外投资、死亡、毁损等原因减产的牲畜（禽）资产的成本，以及产役畜的成本摊销；期末借方余额反映幼畜及育肥畜和产役畜的账面余额。“牲畜（禽）资产”账户应设置“幼畜及育肥畜”和“产役畜”两个明细账户，进行明细核算。

（二）幼畜及育肥畜的核算

【例2-11】2011年东庞里奶牛养殖合作社发生下列经济业务。

（1）购入幼牛20头，总成本200 000元，款项用银行存款支付，会计分录为：

借：牲畜（禽）资产——幼畜及育肥畜-牛　200 000

　贷：银行存款　200 000

（2）幼牛本年发生各项饲养费为40 000元，其中，用银行存款直接支付20 000元，领用饲料等产品物资15 000元，应付饲养员工资5 000元。会计分录为：

借:牲畜(禽)资产——幼畜及育肥畜-牛　　40 000
　贷:银行存款　　20 000
　　产品物资　　15 000
　　应付工资　　5 000

(3)幼牛成龄,应结转为产役畜,实际成本为240 000元,会计分录为:

借:牲畜(禽)资产——产役畜-奶牛　　240 000
　贷:牲畜(禽)资产——幼畜及育肥畜-牛　　240 000

(三)产役畜饲养和成本摊销的核算

【例2-12】2012年东庞里奶牛养殖合作社发生下列经济业务。

(1)本年产役畜-奶牛发生各种饲养费用计50 000元,其中,用银行存款直接支付21 000元,领用饲料等产品物资18 000元,应付饲养员工资11 000元。会计分录为:

借:经营支出　　50 000
　贷:银行存款　　21 000
　　产品物资　　18 000
　　应付工资　　11 000

(2)产役畜-奶牛应按其成本扣除预计残值后在正常生产周期内按直线法分期摊销,本年摊销额为36 000元,会计分录为:

借:经营支出　　36 000
　贷:牲畜(禽)资产——产役畜-奶牛　　36 000

(四)牲畜(禽)资产的出售、死亡毁损和对外投资的核算

1. 出售牲畜(禽)资产核算

【例2-13】大地生猪养殖合作社销售生猪一批,价款100 000元,款项存入银行;该批生猪的账面总成本为80 000元。

(1)确认销售收入时,会计分录为:

借:银行存款　　　　100 000

　贷:经营收入　　　　100 000

(2)结转已销生猪账面成本时,会计分录为:

借:经营支出　　　　80 000

　贷:牲畜(禽)资产——幼畜及育肥畜　　　　80 000

2. 牲畜(禽)资产死亡毁损的核算

合作社牲畜(禽)资产死亡时,应按规定程序核销。在核销时,按应由过失人及保险公司赔偿的金额借记“应收款”账户,按死亡毁损牲畜资产净损失借记“其他支出”账户,按死亡毁损牲畜资产的账面余额贷记“牲畜(禽)资产”账户。

【例 2-14】大地生猪养殖合作社生猪死亡 2 头,账面成本 3 000 元,经调查属于饲养员责任事故,决定由饲养员赔偿 400 元,其余部分由合作社自己承担,会计分录为:

借:应收款　　　　400

　其他支出　　　　2 600

　贷:牲畜(禽)资产-幼畜及育肥畜　　　　3 000

3. 牲畜(禽)资产对外投资的核算

合作社以牲畜(禽)资产对外投资时,按合同、协议确定的价值,借记“对外投资”账户;按投资牲畜(禽)资产的账面价值,贷记“牲畜(禽)资产”账户;按上述两者的差额,借记或贷记“资本公积”账户。

【例 2-15】东庞里奶牛养殖合作社用 2 头产役畜-奶牛对外投资,奶牛账面成本 22 000 元,双方协议确定价值 23 000 元。会计分录为:

借:对外投资　　　　23 000

　贷:牲畜(禽)资产——产役畜-奶牛　　　　22 000

　　资本公积　　　　1 000

三、林木资产的核算

(一)账户设置

为了反映和监督合作社林木资产价值的变化,应设置“林木资产”账户。“林木资产”是资产类账户,借方登记增加的林木资产的成本,以及经济林木投产前、非经济林木郁闭前的培植费用;贷方登记减少的林木资产的成本,以及经济林木的成本摊销;期末借方余额反映合作社购入或营造的林木资产的账面余额。“林木资产”账户应设置“经济林木”和“非经济林木”两个明细账,进行明细核算。

(二)经济林木的核算

【例 2-16】某果品专业合作社发生下列经济业务。

(1) 合作社购入经济林木,买价和相关税费计 120 000 元,款项以银行存款支付。会计分录如下:

借:林木资产——经济林木　　120 000

　贷:银行存款　　120 000

(2)培育经济林木发生各项培植费用计 30 000 元,其中,领用产品物资 20 000 元,应付人员工资 10 000 元。会计分录为:

借:林木资产——经济林木　　30 000

　贷:应付工资　　10 000

　　产品物资　　20 000

(3)经济林木投产后发生各项管护费用 36 000 元,其中,领用产品物资 25 000 元,应付人员工资 10 000 元,现金支付 1 000 元。会计分录为:

借:经营支出　　36 000

　贷:产品物资　　25 000

　　应付工资　　10 000

库存现金　　　　　　　　　　　　　　　　1 000

(4)该经济林木投产后，应按其成本扣除预计残值后的部分在正常生产周期内按直线法摊销。本期摊销额 27 000 元。会计分录为：

借：经营支出　　　　　　　　　　　　27 000

　贷：林木资产——经济林木　　　　　　　27 000

(三)非经济林木的核算

【例 2-17】某林业合作社发生下列经济业务。

(1)购入非经济林木，购买价和相关税费共计 60 000 元，款项以银行存款支付，会计分录为：

借：林木资产——非经济林木　　　　　60 000

　贷：银行存款　　　　　　　　　　　　60 000

(2)非经济林木在郁闭前发生各项培植费用 20 000 元，其中领用产品物资 15 000 元，应付人员工资 5 000 元。会计分录为：

借：林木资产——非经济林木　　　　　20 000

　贷：应付工资　　　　　　　　　　　　5 000

　　产品物资　　　　　　　　　　　　15 000

(3)非经济林郁闭后发生各项管护费用 10 000 元，其中用现金支付 1 000 元，领用产品物资 5 000 元，应付人员工资 4 000 元。会计分录为：

借：其他支出　　　　　　　　　　　　10 000

　贷：应付工资　　　　　　　　　　　　4 000

　　产品物资　　　　　　　　　　　　5 000

　　库存现金　　　　　　　　　　　　1 000

(四)林木采伐出售的核算

【例 2-18】某合作社按照规定报经批准采伐出售林木一批，售价 30 000 元，款项已存入银行，该批林木账面成本 12 000 元。会计处理如下。

(1)确认采伐林木销售收入时,会计分录为:

借:银行存款　　30 000

　贷:经营收入　　30 000

(2)结转采伐林木成本时,会计分录为:

借:经营支出　　12 000

　贷:林木资产　　12 000

第三节　对外投资的核算

一、合作社对外投资的管理

合作社的对外投资业务(包括对外投资决策、评估及其收回、转让与核销),应当由理事会交成员大会决策,严禁任何个人擅自决定对外投资或改变成员大会的决策意见。

合作社应当建立对外投资责任追究制度,对在对外投资中出现重大决策失误、未履行集体审批程序和不按规定执行对外投资的业务人员,应追究相应责任。

合作社应当在对外投资业务各环节设置相应记录或凭证,加强对审批文件、投资合同或协议、对外投资有关权益证书、对外投资处置决议等文件资料的管理,明确各种文件资料的取得、归档、保管、调阅等各环节的管理规定及相关人员的职责权限。

二、对外投资的计价

合作社的对外投资按下列原则计价。

①以现金、银行存款等货币资金方式向其他单位投资的,按实际支付的款项计价。

②以实物资产(含牲畜和林木)方式向其他单位投资的,按照

评估确认或合同、协议确定的价值计价；实物资产重估确认价值与其账面价值之间的差额，计入资本公积。

③合作社对外投资分得的现金股利或利润、利息等计入投资收益；出售、转让和收回对外投资时，按实际收到的价款与其账面余额的差额，计入投资收益。

三、对外投资的核算

(一)账户设置

为了反映和监督合作社的对外投资，应设置“对外投资”账户。“对外投资”是资产类账户，借方登记合作社对外投资发生的投资成本，贷方登记收回的对外投资，借方余额反映合作社对外投资的实际成本。“对外投资”账户应按投资种类设置明细账户，进行明细核算。

(二)主要会计事项举例

【例 2-19】东兴玉米种植合作社与丰收玉米加工厂签订联营合同，以一台设备投资联营。联营期限 2 年。设备原值 23 000 元，已提折旧 2 000 元，评估价值 20 000 元。

(1)对外投资时，会计分录为：

借：对外投资	20 000	
资本公积	1 000	
累计折旧	2 000	
贷：固定资产		23 000

(2)第一年投资分利 6 000 元，已存入银行，会计分录为：

借：银行存款	6 000	
贷：投资收益		6 000

(3)第二年末收到投资利润 7 000 元。联营期结束，收回设备，该设备原值 23 000 元，应提折旧 6 000 元(包括投资时已提取

2 000 元和联营 2 年每年应提取 2 000 元)。

收到投资利润时,会计分录为:

借:银行存款　　7 000

　贷:投资收益　　7 000

收回设备时,会计分录为:

借:固定资产　　23 000

　投资收益　　3 000

　贷:累计折旧　　6 000

　　对外投资　　20 000

第四节　固定资产的核算

一、固定资产的标准

《农民专业合作社财务会计制度(试行)》规定,合作社的房屋、建筑物、机器、设备、工具、器具和农业基本建设设施等,凡使用年限在 1 年以上,单位价值在 500 元以上的列为固定资产。有些主要生产工具和设备,单位价值虽低于规定标准,但使用年限在 1 年以上的,也可列为固定资产。

二、固定资产的计价

合作社的固定资产应当根据具体情况分别确定入账价值。

(一)购　入

购入的固定资产,不需要安装的,按实际支付的买价和采购费、包装费、运杂费、保险费和交纳的有关税金等计价;需要安装或改装的,还应加上安装或改装费。

(二)新　建

新建的房屋及建筑物、农业基本建设设施等固定资产,按竣工验收的决算价计价。

(三)接受捐赠

接受捐赠的全新固定资产,应按发票所列金额加上实际发生的运输费、保险费、安装调试费和应支付的相关税金等计价;无所附凭据的,按同类设备的市价加上应支付的相关税费计价。接受捐赠的旧固定资产,按照经过批准的评估价值或双方确认的价值计价。

(四)改造、扩建

在原有固定资产基础上进行改造、扩建的,按原有固定资产的价值,加上改造、扩建工程而增加的支出,减去改造、扩建工程中发生的变价收入计价。

(五)接受投资

投资者投入的固定资产,按投资各方确认的价值计价。

三、固定资产的核算

(一)账户设置

1.“固定资产”账户

“固定资产”是资产类账户,核算合作社固定资产原始价值。借方登记增加固定资产原始价值,贷方登记减少固定资产原始价值,借方余额反映合作社现有固定资产的原始价值。合作社应设置“固定资产登记簿”或“固定资产”卡片,按照固定资产的类别和使用单位进行明细核算。

2.“累计折旧”账户

“累计折旧”是“固定资产”的抵减账户,核算合作社固定资产的累计折旧,亦即损耗价值。贷方登记按期计提的固定资产折旧,借方登记固定资产减少时转出的固定资产折旧,期末贷方余额反映合作社现有固定资产已计提的累计折旧。期末用“固定资产”的借方余额减去“累计折旧”的贷方余额为合作社固定资产的净值。

3.“在建工程”账户

“在建工程”是资产类账户，核算合作社购入需要安装调试的固定资产和自行建造固定资产的成本。借方登记购建固定资产发生的各项成本，贷方登记建造完成并交付使用的固定资产成本，期末借方余额反映在建工程成本。“在建工程”按工程项目设置明细账，进行明细核算。

4.“固定资产清理”账户

“固定资产清理”是资产类账户，核算合作社因出售、报废、毁损和捐赠固定资产的清理过程，借方登记因出售、报废、毁损和捐赠转入清理的固定资产的净值、发生的清理费用，贷方登记清理过程发生的收入。清理工作结束时应结清余额，借方余额转入“其他支出”账户，贷方余额转入“其他收入”账户，固定资产清理工作结束该账户无余额。

(二)固定资产增加的主要会计事项举例

【例 2-20】某蔬菜专业合作社本期发生下列经济业务。

①购入不需要安装的设备一台，支付的设备价款和运杂费共计 12 000 元，款项用银行存款支付，会计分录为：

借：固定资产　　12 000

　贷：银行存款　　12 000

②合作社自建蔬菜大棚，购买工程材料 300 000 元，会计分录为：

借：产品物资　　300 000

　贷：银行存款　　300 000

将工程材料全部投入建设工程，会计分录为：

借：在建工程　　300 000

　贷：产品物资　　300 000

计算应付劳务费 50 000 元。会计分录为：

借：在建工程　　50 000

　贷：应付款　　50 000

以现金支付工程水电费 4 000 元。会计分录为：

借：在建工程　　4 000

　贷：银行存款　　4 000

工程完工，验收合格，交付使用。会计分录为：

借：固定资产　　354 000

　贷：在建工程　　354 000

③合作社收到新成员投入的全新设备一台，确认价值 7 000 元，经成员大会批注，该成员拥有合作社资本份额 5 000 元。会计分录为：

借：固定资产　　7 000

　贷：股金　　5 000

　　资本公积　　2 000

④合作社收到某企业捐赠的全新设备一台，评估确认价值 3 000 元，设备收到，另以现金支付运作费 100 元。会计分录为：

借：固定资产　　3 100

　贷：库存现金　　100

　　专项基金　　3 000

(三)固定资产折旧的核算

1. 固定资产折旧的管理

合作社必须建立固定资产折旧制度，按年或按季、按月提取固定资产折旧。固定资产的折旧方法可在“平均年限法”、“工作量法”等方法中任选一种，但是一经选定，不得随意变动。

合作社应当对所有的固定资产计提折旧。合作社当月或当季度增加的固定资产，当月或当季度不提折旧，从下月或下季度起计提折旧；当月或当季度减少的固定资产，当月或当季度照提折旧，从下月或下季度起不提折旧；提足折旧后的固定资产，不管是否继续使用，均不再提取折旧；提前报废的固定资产，也不再补提折旧。

2. 固定资产折旧的会计处理举例

【例 2-21】某专业合作社本期计提固定资产折旧 6 000 元，其中生产经营用固定资产 3 000 元，管理用固定资产 2 000 元，公益性固定资产 1 000 元。会计分录为：

借：生产成本　　3 000
　　管理费用　　2 000
　　其他支出　　1 000
　贷：累计折旧　　6 000

(四)固定资产减少的核算

1. 固定资产出售、报废和毁损的核算

【例 2-22】某专业合作社出售设备一台，原值 10 000 元，已提折旧 6 000 元，设备出售价款 5 000 元，款项存入银行。

①将出售固定资产转入固定资产清理。会计分录为：

借：固定资产清理　　4 000
　　累计折旧　　6 000
　贷：固定资产　　10 000

②收到出售价款时，会计分录为：

借：银行存款　　5 000
　贷：固定资产清理　　5 000

③清理工作结束，结转固定资产清理损益时，会计分录为：

借：固定资产清理　　1 000
　贷：其他收入　　1 000

【例 2-23】某专业合作社报废设备一台，原值 20 000 元，已提折旧 18 000 元，以现金支付清理费 1 000 元，清理工作结束。

①将固定资产转入清理时，会计分录为：

借：固定资产清理　　2 000
　　累计折旧　　18 000

贷：固定资产　　　　20 000

②支付固定资产清理费时，会计分录为：

借：固定资产清理　　　　1 000

　贷：库存现金　　　　1 000

③清理工作结束，结转清理损失时，会计分录为：

借：其他支出　　　　3 000

　贷：固定资产清理　　　　3 000

2. 对外投资的核算

【例 2-24】某专业合作社用一台旧设备投资本村一家企业。设备原值 10 000 元，累计折旧 2 000 元，评估确认价值 9 000 元。会计分录为：

借：对外投资　　　　9 000

　　累计折旧　　　　2 000

　贷：固定资产　　　　10 000

　　　资本公积　　　　1 000

3. 对外捐赠的核算

【例 2-25】某专业合作社对外捐赠旧设备一台，原值 6 000 元，已提折旧 2 000 元。会计分录为：

借：固定资产清理　　　　4 000

　　累计折旧　　　　2 000

　贷：固定资产　　　　6 000

同时编制下列会计分录：

借：其他支出　　　　4 000

　贷：固定资产清理　　　　4 000

4. 固定资产盘亏的核算

【例 2-26】某专业合作社盘亏设备一台，原值 5 000 元，已提折旧 3 000 元。经批准由外雇保管人赔偿 1 000 元，其他部分由合作社负担。会计分录为：

借：应收款　　　　　　　　　　　　1 000
　　累计折旧　　　　　　　　　　　3 000
　　其他支出　　　　　　　　　　　1 000
　贷：固定资产　　　　　　　　　　　　5 000

第五节　无形资产的核算

一、无形资产的计价

合作社的无形资产是指合作社长期使用但是没有实物形态的资产，包括专利权、商标权、非专利技术等。无形资产按取得时的实际成本计价，并从使用之日起，按照不超过10年的期限平均摊销，计入管理费用。转让无形资产取得的收入，计入其他收入；转让无形资产的成本，计入其他支出。

二、账户设置

为了反映合作社无形资产的增减变化和余额情况，应设置“无形资产”账户。“无形资产”是资产类账户，借方登记购入无形资产的成本、接受投资转入无形资产的评估确认价值。贷方登记无形资产的摊销额、转出无形资产的账面价值。期末借方余额为无形资产的账面价值。

三、主要会计事项

①外购无形资产时，按取得时的实际成本编制下列会计分录：

借：无形资产
　贷：银行存款

②合作社成立时接受成员以无形资产投资，按评估确认的价值编制下列会计分录：

借：无形资产

　　贷：股金

③按规定计算摊销无形资产价值时，会计分录为：

借：管理费用

　　贷：无形资产

④转让无形资产时，会计分录为：

按实际收到价款，编制下列会计分录：

借：银行存款

　　贷：其他收入

同时结转转入无形资产的账面价值，会计分录为：

借：其他支出

　　贷：无形资产

第三章 农民专业合作社负债的核算

负债是合作社因过去的交易或事项形成的现实义务，履行该义务预期会导致经济利益流出合作社。合作社的负债有3个特征：一是负债是基于过去的交易或事项而产生的；二是负债是合作社承担的现实义务；三是负债这种现实义务的履行预期，会导致经济利益流出合作社。

合作社的负债分为流动负债和长期负债2部分。流动负债是指偿还期限在1年内(含1年)的债务，主要包括短期借款、应付款、应付工资、应付盈余返还、应付剩余盈余返还；长期负债是指偿还期限在1年以上(不含1年)的债务，主要包括长期借款、专项应付款等。

第一节 流动负债的核算

一、短期借款的核算

短期借款是指合作社从银行等金融机构、其他单位和个人借入的、期限在1年以内(含1年)的各种借款。

(一)账户设置

为了反映和监督合作社的各种短期借款，应设置“短期借款”账户。“短期借款”是负债类账户，贷方登记已取得的各种短期借款的本金数额，借方登记偿还的各种短期借款的本金数额，贷方余额为尚未偿还的各种短期借款的本金。“短期借款”账户应按借款单位或个人设置明细账，进行明细核算。

(二)主要会计事项举例

【例 3-1】某专业合作社 2012 年发生下列经济业务。

①3 月 1 日从银行取得短期借款 10 万元时,款项已存入银行。会计分录为:

借:银行存款　　100 000

　贷:短期借款　　100 000

②3 月 31 日计提本月短期借款利息,该短期借款年利率 6%,本月应负担利息 500 元。会计分录为:

借:其他支出——利息支出　　500

　贷:应付款　　500

③4 月 30 日计息的计算和会计分录与 3 月 31 日计息相同,不再赘述。

④5 月 31 日偿还短期借款本金和利息时,会计分录为:

借:短期借款　　100 000

　其他支出——利息支出　　500

　应付款　　1 000

　贷:银行存款　　101 500

二、应付款的核算

应付款是指合作社与非成员之间发生的各种应付及暂收款项,包括因购买产品物资和接受劳务、服务等应付的款项,应付的赔款,应付利息等。

(一)账户设置

为了核算和监督合作社的应付款发生和偿还情况,应设置"应付款"账户。贷方登记合作社发生的应付款和暂收外单位和个人的各种款项,借方登记合作社已偿还的应付及暂收款、核销的无法支付的应付款,期末贷方余额反映合作社应付但尚未付给非成员的应付及暂收款项。"应付款"按往来单位或个人设置明细账，进行明细核算。

(二)主要会计事项举例

【例 3-2】某专业合作社发生下列经济业务。

①从非成员处购买产品物资，价款 20 000 元，产品物资已验收入库，款项尚未付。会计分录为：

借：产品物资　　20 000

　贷：应付款　　20 000

②支付应付非成员货款 20 000 元。会计分录为：

借：应付款　　20 000

　贷：银行存款　　20 000

③核销以前年度发生无法支付的应付款 1 000 元。会计分录为：

借：应付款　　1 000

　贷：其他收入　　1 000

三、应付工资的核算

应付工资是指合作社应付给管理人员及固定员工的工资总额，包括在工资总额内的各种工资、奖金、津贴、补助等。

(一)账户设置

为了核算和监督合作社应付工资的结算和分配情况，应设置"应付工资"账户。"应付工资"是负债类账户，贷方登记期末提取的应付合作社管理人员和固定员工的工资总额，借方登记合作社实际支付的工资总额，期末贷方余额为已提取尚未支付的工资。"应付工资"账户应按合作社管理人员和固定员工的姓名、类别设置明细账，进行明细核算。

(二)主要会计事项举例

【例 3-3】某专业合作社发生下列业务。

①月末计提本月工资 60 000 元，其中管理人员工资 20 000 元，直接从事生产的员工工资 35 000 元，从事在建工程的员工工资 5 000 元。会计分录为：

借：管理费用　　20 000
　　生产成本　　35 000
　　在建工程　　5 000
　贷：应付工资　　60 000

②提取现金 60 000 元，备发工资。会计分录为：

借：库存现金　　60 000
　贷：银行存款　　60 000

③以现金实际发放工资 60 000 元。会计分录为：

借：应付工资　　60 000
　贷：库存现金　　60 000

四、应付盈余返还的核算

应付盈余返还是指合作社按成员与本社交易量(额)比例返还给成员的盈余。

(一)账户设置

为了反映和监督合作社应付盈余返还情况，应设置“应付盈余返还”账户。“应付盈余返还”是负债类账户，贷方登记按成员与合作社交易量(额)的比例应返还给成员的可分配盈余金额；借方登记实际支付按成员与合作社交易量(额)的比例应返还给成员的可分配盈余金额；期末贷方余额，反映尚未支付的按成员与合作社交易量(额)的比例应返还给成员的可分配盈余金额。“应付盈余返还”账户应按成员设置明细账，进行明细核算。

(二)主要会计事项举例

【例 3-4】某专业合作社年末发生下列经济业务。

①年终根据成员与合作社交易量(额)的比例,计提分配盈余 240 000 元。会计分录为:

借:盈余分配——各项分配——按交易量(额)返还
240 000

贷:应付盈余返还 240 000

②实际支付盈余返还 240 000 元。会计分录为:

借:应付盈余返还 240 000

贷:银行存款 240 000

五、应付剩余盈余的核算

农民专业合作社的盈余实行两次分配的办法。第一次是按成员与合作社交易量(额)的比例分配盈余,第二次是对第一次分配后的剩余盈余按合作社成员的财产份额比例再分配。应付剩余盈余是指以成员账户中记载的出资额和公积金份额,以及本社接受国家财政直接补助和他人捐赠形成的财产平均量化到本社成员的份额,按比例分配给本社成员的剩余可分配盈余。

(一)账户设置

为了核算和监督合作社的应付剩余盈余,应设置"应付剩余盈余"账户。"应付剩余盈余"是负债类账户,贷方登记合作社进行盈余分配时确定的应付剩余盈余,借方登记合作社实际支付给成员的应付剩余盈余,期末贷方余额反映合作社应付未付给成员的剩余盈余。"应付剩余盈余"应按成员设置明细账户,进行明细核算。

(二)主要会计事项举例

【例 3-5】某专业合作社年末发生下列业务。

①年末根据成员财产份额比例计提分配剩余盈余 160 000

元。会计分录为：

借：盈余分配——各项分配——按财产份额分配

160 000

　贷：应付剩余盈余　　160 000

②实际支付应付剩余盈余 160 000 元。会计分录为：

借：应付剩余盈余　　160 000

　贷：银行存款　　160 000

第二节　长期负债的核算

一、长期借款的核算

长期借款是指合作社从银行等金融机构、外部单位和个人借入的、期限在 1 年以上(不含 1 年)的各种借款。

(一)账户设置

为了反映和监督合作社长期借款的借入和偿还情况，应设置“长期借款”账户。“长期借款”属于负债类账户，贷方登记合作社取得各项长期借款的本金，借方登记合作社偿还各项长期借款的本金，期末贷方余额反映尚未偿还的各项长期借款的本金。“长期借款”应按借款单位或个人设置明细账户，进行明细核算。

(二)主要会计事项举例

【例 3-6】2009 年 7 月 1 日某果品专业合作社从开户银行取得一年半期的长期借款 100 000 元，年利息率 6%，款项已存入银行。借款合同规定约定合同到期，一次还本付息。该合作社对该借款每半年计息一次。相关会计处理如下。

①2009 年 7 月 1 日取得长期借款时，会计分录为：

借：银行存款　　100 000

贷：长期借款　　　　100 000

②2009 年 12 月 31 日计息时，相关计算和会计分录如下：

本期利息＝(100 000×6％)÷2＝3 000(元)

借：其他支出－利息支出　　　　3 000

贷：应付款　　　　3 000

③2010 年 6 月 30 日计息的计算和会计分录同上。

④2010 年 12 月 31 日还本付息时，会计分录为：

借：其他支出　　　　3 000

应付款　　　　6 000

长期借款　　　　100 000

贷：银行存款　　　　109 000

二、专项应付款的核算

专项应付款是合作社接受国家财政直接补助的资金。该资金具有专门用途，主要是扶持合作社发展、支持合作社开展培训、农产品质量标准论证、农业基础设施建设、市场营销和技术推广服务等。

(一)账户设置

为了反映和监督合作社接受国家财政直接补助资金的取得和使用情况，应设置“专项应付款”账户。“专项应付款”属于负债类账户，贷方登记国家财政直接补助给合作社的资金，借方登记已使用的国家财政直接补助的资金和转入专项基金的数额，期末贷方余额反映合作社尚未使用和结转的国家财政直接补助的资金。“专项应付款”账户应按项目设置明细账，进行明细核算。

(二)主要会计事项举例

【例 3-7】2010 年 9 月 2 日平谷向阳果品合作社收到国家财政直接补助专款 100 000 元，款项存入银行。相关会计处理如下。

①2010 年 9 月 2 日，取得国家财政补助时，会计分录为：

借：银行存款　　100 000

　贷：专项应付款　　100 000

②2010 年 10 月开展项目培训，支付培训费 10 000 元。由于该项支出未形成资产，直接核销专项应付款，会计分录为：

借：专项应付款　　10 000

　贷：银行存款　　10 000

③2010 年 11 月，合作社用财政补助资金购买该项目所需的、不需要安装的专业设备一台，价款 20 000 元，款项已付。会计分录为：

借：固定资产　　20 000

　贷：银行存款　　20 000

同时结转专项已付款，会计分录为：

借：专项应付款　　20 000

　贷：专项基金　　20 000

④2010 年 12 月，合作社用财政补助资金购建需要安装调试的设备。主要会计事项如下：

购买设备一台，价款 30 000 元，款已付。会计分录为：

借：产品物资——专用设备　　30 000

　贷：银行存款　　30 000

购买施工材料一批，价款 6 000 元，款已付。会计分录为：

借：产品物资——建筑材料　　6 000

　贷：银行存款　　6 000

安装工程领用设备 30 000 元，会计分录为：

借：在建工程　　30 000

　贷：产品物资——专用设备　　30 000

6 000 元的施工材料全部投入安装工程，会计分录为：

借：在建工程　　6 000

贷：产品物资　　　　6 000

支付安装调试费用 14 000 元，会计分录为：

借：在建工程　　　　14 000

贷：银行存款　　　　14 000

安装调试工程结束，设备交付使用。该工程总成本为 50 000 元，会计分录为：

借：固定资产　　　　50 000

贷：在建工程　　　　50 000

同时结转专项基金，会计分录为：

借：专项应付款　　　　50 000

贷：专项基金　　　　50 000

第四章 农民专业合作社所有者权益的核算

所有者权益是指农民专业合作社及成员对合作社资产享有的权益，在数量上它是资产减去负债后的差额。合作社的所有者权益包括：股金、专项基金、资本公积、盈余公积和未分配盈余等。

第一节 股金的核算

一、股金管理

股金是农民专业合作社成员实际投入合作社的各种资产的价值。股金是合作社进行生产经营活动的物质基础，也是合作社成员分享权益和承担义务的依据。合作社股金的管理要注意以下几点。

第一，合作社成员对自己入社出资享有所有权，并按比例分享剩余盈余和承担相应风险；

第二，农民专业合作社对成员出资形成的股金依法享有经营权，只有在成员退社时，才会依法或按章程的相关规定退还给成员；

第三，农民专业合作社成员入社出资，既可以用货币资金（现金、银行存款），也可以用非货币资产，但成员用非货币资产出资时，应合理评估作价，并以民主确认的价值入账。

二、股金的核算

（一）账户的设置

为了核算和监督合作社的股金，应设置“股金”账户。“股金”

是所有者权益账户，贷方登记合作社增加的股金，包括成员入社出资、盈余公积转增、资本公积转增等；借方登记因成员退社减少的股金数额；期末贷方余额反映合作社实际拥有的股金总额。“股金”账户应按成员设置明细账，进行明细核算。

(二)主要会计事项举例

1. 接受成员货币出资

【例 4-1】2010 年 2 月 7 日红星果品专业合作社成立时，收到成员王平入社出资 20 000 元，款项已存入银行，会计分录为：

借：银行存款	20 000	
贷：股金——王平		20 000

【例 4-2】2012 年 2 月 8 日红星果品专业合作社接收新成员王飞入社，出资 22 000 元，已存入银行。合作社与王飞约定股金份额为 20 000 元。会计分录为：

借：银行存款	22 000	
贷：股金——王飞		20 000
资本公积——股金溢价		2 000

2. 接收非货币资产出资

【例 4-3】2010 年 2 月 7 日红星果品专业合作社成立时，收到成员张力平入社出资汽车一辆，评估确认价值 40 000 元。会计分录为：

借：固定资产	40 000	
贷：股金——张力平		40 000

【例 4-4】2012 年 2 月 8 日红星果品专业合作社接收新成员高华入社，出资汽车一辆，评估确认价值 44 000 元。合作社与高华约定股金份额为 40 000 元。会计分录为：

借：固定资产	44 000	
贷：股金——高华		40 000
资本公积——股金溢价		4 000

3. 成员退社

【例 4-5】某专业合作社成员王勇退社，年度终了时，该成员账户记载出资股金 30 000 元，盈余公积 1 000 元，该合作社无亏损，年末已没有未分配盈余。会计分录为：

借：股金——王勇　　30 000

　　盈余公积　　1 000

　贷：银行存款　　31 000

4. 股金转让　合作社成员转让出资，只需在成员账户等做出相应登记，不需编制会计分录。

第二节 专项基金的核算

一、什么是专项基金

农民专业合作社的专项基金是指合作社从特定的来源取得的、具有专门用途的资金，其来源渠道主要有 2 个：一是接受国家财政直接补助形成的各项资产，二是接受他人捐赠形成的各项资产。

二、专项基金核算账户

为了反映和监督合作社的专项基金，应设置“专项基金”账户。“专项基金”是所有者权益账户，贷方登记合作社从各渠道取得的专项基金数额，期末余额在贷方，表示合作社从各渠道取得的专项基金的累计数额。“专项基金”账户应按专项基金的来源设置明细账，进行明细核算。

三、主要会计事项

(一)国家财政直接补助形成的专项基金

【例 4-6】某农民专业合作社发生下列经济业务。

①收到国家财政直接补助资金 100 000 元,会计分录为:

借:银行存款　　100 000

　贷:专项应付款——XXX 项目　　100 000

②按国家财政直接补助资金规定的用途购买固定资产计价 20 000 元,会计分录为:

借:固定资产　　20 000

　贷:银行存款　　20 000

同时,

借:专项应付款　　20 000

　贷:专项基金　　20 000

(二)接受他人捐赠形成的专项基金

①合作社收到他人现金捐赠时,应按实际收到的款项,编制下列会计分录:

借:现金(银行存款)

　贷:专项基金

②合作社收到他人的非货币资产捐赠时,应按所附发票记载金额,如无发票应按经批准的评估价值,编制下列会计分录:

借:固定资产

　　产品物资

　贷:专项基金

第三节 资本公积的核算

一、资本公积的来源和用途

资本公积是指归合作社全体成员所共有的非收益转化形成的公共积累。合作社资本公积的主要来源包括 2 个方面：一是股金溢价，即成员的出资额大于其在合作社注册资本中所占份额的差额；二是农民专业合作社以实物资产方式对外投资时，投资双方对投入资产评估确认的价值与该资产原账面价值的差额，该差额简称资产重估增值。资本公积的用途主要是用于转增股金。

二、资本公积的核算

(一)账户的设置

为了核算和监督合作社资本公积的来源和使用情况，应设置“资本公积”账户。该账户是所有者权益账户，贷方登记合作社资本公积的形成，即增加数；借方登记资本公积减少数；期末余额在贷方，反映合作社实有的资本公积。“资本公积”账户按其来源设置明细账户，进行明细核算。

(二)资本公积增加的核算

1. 股金溢价的核算

【例 4-7】杨林种植专业合作社接受新成员高新入社资金 11 000元，款项存入银行，该成员与合作社约定入股份额为 10 000 元。会计分录为：

借：银行存款　　11 000

　　贷：股金——社员高新　　10 000

　　　　资本公积——社员高新　　1 000

【例 4-8】杨林种植合作社接受新社员高明入社汽车一辆，双方评估作价 33 000 元，该成员与合作社约定入股份额为 30 000 元。会计分录为：

借：固定资产　　33 000

　贷：股金——社员高明　　30 000

　　资本公积——股金溢价　　3 000

2. 资产重估增值

【例 4-9】东兴养殖合作社以一辆运输汽车对外投资，该汽车账面原值 60 000 元，已提折旧 20 000 元，双方约定评估价 43 000 元。会计分录为：

借：对外投资　　43 000

　累计折旧　　20 000

　贷：固定资产　　60 000

　　资本公积——资产重估增值　　3 000

【例 4-10】仍用上例资料，若双方约定评估价 35 000 元，会计分录为：

借：对外投资　　35 000

　累计折旧　　20 000

　资本公积——资产重估减值　　5 000

　贷：固定资产　　60 000

(三)资本公积减少的核算

【例 4-11】东兴养殖合作社成员大会决议，将合作社的资本公积 100 000 元，按成员原始股金比例转增股金。会计分录为：

借：资本公积　　100 000

　贷：股金　　100 000

第四节　盈余公积和未分配盈余的核算

一、盈余公积的核算

(一)盈余公积的来源和用途

根据农民专业合作社章程或成员大会决议，合作社可以按本年盈余中的一定比例提取盈余公积。盈余公积的用途主要包括：用盈余公积弥补合作社的亏损，用盈余公积扩大合作社生产经营，用盈余公积转增成员股金。

(二)账户设置

为了反映和监督合作社盈余公积的提取和使用情况，应设置“盈余公积”账户。“盈余公积”是所有者权益账户，贷方登记合作社从本年盈余中提取的盈余公积数额；借方登记盈余公积减少数额，主要包括用盈余公积弥补合作社的亏损和用盈余公积转增成员股金；期末余额在贷方，反映合作社实有的盈余公积。

(三)盈余公积的主要会计事项

【例 4-12】向阳专业合作社根据合作社章程和成员大会决议，从本年盈余中提取盈余公积 80 000 元。会计分录为：

借：盈余分配-各项分配-提取盈余公积　　80 000

　贷：盈余公积　　80 000

【例 4-13】东庞里专业合作社根据合作社章程和成员大会决议，本年用盈余公积弥补亏损 20 000 元，用盈余公积转增成员股金 10 000 元。

(1)用盈余公积弥补亏损时，会计分录为：

借：盈余公积　　20 000

　贷：盈余分配-未分配盈余　　20 000

(2)用盈余公积转增成员股金时,会计分录为:

借:盈余公积　　10 000

　贷:股金　　10 000

二、未分配盈余的核算

(一)未分配盈余的计算

未分配盈余是农民专业合作社所有者权益的重要组成部分,用公式表示为:

未分配盈余＝年初未分配盈余＋本年盈余－本年各项分配

(二)账户设置

为了反映和监督合作社的未分配盈余,应设置"盈余分配——未分配盈余"明细账户,贷方登记年末从"本年盈余"结转的本年盈余;借方登记年末从"盈余分配——各项分配"明细账结转的本年已分配盈余;年末该明细账贷方余额表示未分配的盈余,如为借方余额则表示合作社未弥补的亏损。

(三)主要会计事项

【例 4-14】大地专业合作社年末发生下列经济事项。

(1)将本年盈余 100 000 元结转"盈余分配"账户,会计分录为:

借:本年盈余　　100 000

　贷:盈余分配－未分配盈余　　100 000

(2)根据盈余分配方案,本年提取盈余公积 20 000 元,会计分录为:

借:盈余分配－各项分配－提取盈余公积　　20 000

　贷:盈余公积　　20 000

(3)根据盈余分配方案,按成员交易量(额)比例返还盈余 64 000 元,会计分录为:

借:盈余分配－各项分配－按交易量(额)返还 64 000

贷:应付盈余返还 64 000

实际付款时,会计分录为:

借:应付盈余返还 64 000

贷:库存现金 64 000

(4)根据盈余分配方案,按成员财产份额返还盈余 16 000 元,会计分录为:

借:盈余分配－各项分配－按成员财产份额返还 16 000

贷:应付剩余盈余 16 000

实际付款时,会计分录为:

借:应付剩余盈余 16 000

贷:库存现金 16 000

(5)年终盈余分配结束,将"盈余分配－各项分配"各明细科目的余额结转"盈余分配－未分配盈余"账户,会计分录为:

借:盈余分配－未分配盈余 100 000

贷:盈余分配－各项分配－提取盈余公积 20 000

－按交易量(额)返还 64 000

－按成员财产份额返还 16 000

年终结转后,"盈余分配－各项分配"各明细科目无余额,"盈余分配－未分配盈余"明细账户贷方余额表示未分配盈余,借方余额表示未弥补亏损,本例无余额,即年末无未分配盈余。

第五章 农民专业合作社收入、成本、费用和盈余的核算

第一节 合作社收入的核算

一、合作社收入的种类

(一)经营收入

经营收入是指合作社为成员提供农业生产资料的购买、农产品的销售、加工、运输、贮藏以及与农业生产经营有关的技术、信息等服务取得的收入,以及销售合作社自己生产的产品、对非成员提供劳务等取得的收入。

(二)其他收入

其他收入是指除合作社经营收入以外的收入,包括存款利息、固定资产盘盈收入、产品物资盘盈收入、林木资产盘盈收入、无法支付的应付款项等。

(三)投资收益

投资收益是指合作社投资取得的收益扣除发生的投资损失后的数额,包括对外投资分得的利润、现金股利和债券利息,以及投资到期收回或中途转让取得的款项高于账面余额的差额等。投资损失包括投资到期收回或中途转让取得的款项低于账面余额的差额。

根据《农民专业合作社财务会计制度(试行)》的规定,合作社经营收入确认的基本原则是:在产品物资已经发出,服务已经提供,同时收讫价款或取得收取价款的凭据时,确认经营收入实现。

二、经营收入的核算

为了反映和监督合作社销售产品、提供劳务以及为成员代购代销、向成员提供技术、信息服务等活动取得的经营收入，应设置“经营收入”账户，“经营收入”是损益类账户。

合作社实现经营收入时，应按实际收到或应收的价款，借记“库存现金”、“银行存款”、“应收款”、“成员往来”等账户，贷记“经营收入”账户；年度中“经营收入”贷方余额反映合作社累计实现的经营收入；年终，应将本账户的余额转入“本年盈余”账户的贷方，结转后本账户无余额。“经营收入”账户应按经营项目设置明细账，进行明细核算。

(一)产品物资销售收入的核算

1. 现销产品物资核算举例

【例 5-1】某合作社向某连锁超市出售成品鸡 100 只，总价款 10 000 元，总成本 7 000 元。产品发出，货款已收到并送存银行。会计处理如下。

收到销售款时，应做如下会计分录：

借：银行存款　　10 000

　贷：经营收入——产品物资销售收入　　10 000

同时，结转成品鸡成本，会计分录为：

借：经营支出　　7 000

　贷：牲畜(禽)资产——肉鸡　　7 000

2. 赊销产品物资核算举例

【例 5-2】某玉米合作社 2012 年 3 月 15 日与某经销商签订购销合同，销售优质玉米 20 000 千克，单价每千克 1 元，货款总计 20 000 元，当日经销商预付现金 4 000 元。货在当日发出，优质玉米的库存价每千克 0.9 元。3 月 20 日合作社收到经销商汇入余款 16 000 元。会计处理如下。

①3 月 15 日收到预付款并发货时，会计分录为：

借：库存现金　　4 000

　应收款——某经销商　　16 000

　贷：经营收入——产品物资销售收入　　20 000

同时，结转优质玉米销售成本，会计分录为：

借：经营支出——产品物资销售成本　　18 000

　贷：产品物资——优质玉米　　18 000

②3 月 20 日收到经销商汇来余款时，会计分录为：

借：银行存款　　16 000

　贷：应收款——某经销商　　16 000

3. 受托代购手续费收入举例

【例 5-3】某专业合作社，为成员甲代购生产物资，代购工作已完成，按约定计算代购手续费 1 000 元。

①计算为成员代购手续费时，会计分录为：

借：成员往来——甲　　1 000

　贷：经营收入——代购代销收入　　1 000

②实际收到代购手续费时，会计分录为：

借：库存现金　　1 000

　贷：成员往来——甲　　1 000

4. 受托代销商品收入核算举例

【例 5-4】2012 年 10 月 17 日，某专业合作社接受委托代成员销售藤椅 20 把，协商确定代销价格每把 1 000 元。2012 年 10 月 20 日，20 把藤椅全部按每把 1 100 元的价格售出，并收到货款 22 000 元。该项业务的会计处理如下。

①2012 年 10 月 17 日收到为成员代销商品时，应按代销商品代销总价，编制下列会计分录：

借：受托代销商品——藤椅　　20 000

　贷：成员往来——某成员　　20 000

②2012 年 10 月 20 日销售代销商品，并收到货款时，会计分录为：

借：银行存款　　22 000

　贷：受托代销商品——藤椅　　20 000

　　经营收入——代购代销收入　　2 000

(二)提供服务收入

合作社对成员或非成员提供服务一般包括提供农业生产技术和信息服务、机耕机收服务、运输服务、植保防疫服务等。合作社的提供服务收入一般应于服务全部完成、同时收取价款或取得收取价款的凭据时，确认收入实现。

根据合作社提供服务的生产周期不同，服务收入的核算可分两大类，一类是一次完成的简单服务，一类是在较长时间内完成的服务。

1. 一次完成的简单服务会计处理

【例 5-5】某农机专业合作社提供运输服务。为本社成员提供服务一次，应收服务费 500 元；为本社以外的单位提供服务一次，应收服务费 600 元；以现金为拖拉机加油 400 元。

(1)提供运输服务完成时，会计分录为：

借：成员往来　　500

　　应收款　　600

　贷：经营收入——服务收入　　1 100

收回款项时，会计分录为：

借：库存现金　　1 100

　贷：成员往来　　500

　　应收款　　600

(2)在服务中发生各项成本费用时，会计分录为：

借：经营支出　　400

　贷：库存现金　　400

2. 在较长时间内完成的服务的会计处理　在较长时间内完成的服务项目，合作社同样在服务全部完成、同时收取价款或取得收取价款的凭据时确认收入实现。由于该类服务项目完成的时间较长,少则几个月,多则跨年度,费用支出比较多,项目比较复杂,为了系统归集服务中发生的成本,实现收支核算的配比,应先把在提供服务过程中的全部成本费用在“生产成本”账户的借方收集,待服务完成、结转服务成本时从“生产成本”账户的贷方转出,计入“经营支出”账户。

【例 5-6】某专业合作社为本地区种植业提供技术指导等服务,合同规定服务期限为一年。

(1)在本年提供服务发生各种费用 30 000 元。其中领用产品物资 1 000 元,应付该项目人员工资 20 000 元,以现金支付交通费等 9 000 元。会计分录为:

借:生产成本——X 服务项目	30 000	
贷:库存现金		9 000
产品物资		1 000
应付工资		20 000

(2)服务合同完成,确定服务收入 50 000 元。会计分录为:

借:应收款	50 000	
贷:经营收入——服务收入		50 000

同时,结转服务成本 30 000 元,会计分录为:

借:经营支出	30 000	
贷:生产成本		30 000

三、其他收入的核算

(一)其他收入内容

其他收入是指除合作社产品物资销售收入、服务收入等经营收入以外的各项收入,包括存款利息收入、固定资产及产品物资盘盈收入、林木资产的盘盈收入、无法支付的应付款等。

(二)账户设置

为了核算合作社的其他收入,应设置“其他收入”账户。“其他收入”是损益类账户,发生其他收入时贷记“其他收入”账户,年度中该账户的贷方余额是合作社累计的其他收入,年末结转“本年盈余”后无余额。

(三)主要会计事项举例

【例 5-7】某专业合作社本年发生下列经济事项。

(1)收到银行存款利息 3 500 元,会计分录为:

借:银行存款　　3 500

　贷:其他收入　　3 500

(2)根据批准的手续核销合作社无法支付的应付款 100 元,会计分录为:

借:应付款　　100

　贷:其他收入　　100

(3)结转固定资产清理净收益 2 600 元,会计分录为:

借:固定资产清理　　2 600

　贷:其他收入　　2 600

(4)年末将其他收入结转“本年盈余”账户 6 200 元,会计分录为:

借:其他收入　　6 200

　贷:本年盈余　　6 200

四、投资收益的核算

(一)投资收益内容

投资收益是指投资所得的收益扣除发生的投资损失后的数额。合作社的投资收益包括对外投资分得的利润、现金股利和债券利息、投资到期时收回的款项或中途转让时取得的款项高于账面余额的差额等。投资损失是指投资到期收回或中途转让时取得的款项低于投资账面余额的差额。

(二)账户设置

为了反映和监督合作社对外投资收益或发生的损失，应设置“投资收益”账户。“投资收益”是损益类账户，取得投资收益时贷记“投资收益”账户，发生投资损失时借记“投资收益”账户，年终余额结转“本年盈余”账户，结转后无余额。“投资收益”账户按投资项目设置明细账，进行明细核算。

(三)主要会计事项举例

【例 5-8】顺丰专业合作社发生下列经济事项。

(1)从联营方收到联营利润 35 000 元，款项存入银行。会计分录为：

借:银行存款　　35 000

　贷:投资收益　　35 000

(2)联营企业清算，收回现金 60 000 元。该投资原账面成本 40 000 元。会计分录为：

借:银行存款　　60 000

　贷:对外投资　　40 000

　　投资收益　　20 000

(3)与某玉米加工厂联营结束，收回原投资设备，原值 26 000 元。应提折旧 15 000 元，该投资账面成本为 25 000 元。会计分录为：

借:固定资产　　26 000

　投资收益　　14 000

　贷:累计折旧　　15 000

　　对外投资　　25 000

(4)年末将投资净收益 41 000 元结转“本年盈余”账户，会计分录为：

借：投资收益　　41 000

　贷：本年盈余　　41 000

第二节　合作社生产成本的核算

一、什么是合作社的生产成本

合作社的生产成本是指合作社为生产一定种类和数量的产品或提供一定种类和数量的服务所发生的费用的总和。合作社的产品或服务成本包括直接费用和间接费用两大类。

直接费用是指可以直接计入各产品或服务项目的费用，即在费用发生时就可确认由谁负担和负担多少，包括直接材料、直接人工等。间接费用是指应采取一定的方法分配计入各产品成本或服务成本的费用，包括为组织和管理生产、服务所发生的管理人员的工资、生产设备的折旧费、维修费、办公费等。

二、合作社生产成本计算的特点

（一）生产成本计算的基本要求

合作社可按品种法、分批法、分类法等方法计算产品或服务项目的生产成本，为合理计算合作社的产品或服务成本，应在费用的归集和分配时正确划清下列界限。

①正确划分收益性支出与资本性支出的界限。

②正确划分产品或服务的生产成本与期间费用的界限。

③正确划分本期产品或服务于下期产品或服务的界限。

④正确划分各种产品或各项服务的费用界限。

⑤正确划分本期完工产品或服务项目与期末在产品或服务项目的费用界限。

(二)产品或服务成本计算程序

①确定成本计算对象。合作社可按产品的品种或服务项目作为成本计算对象。

②确定成本计算期。合作社一般要按月归集和分配费用,在产品生产完工或服务完成时计算产品或服务成本。

③确定成本计算项目。合作社成本或服务计算项目一般包括:直接材料、直接人工、其他费用等项目。

④正确地归集和分配各项费用。

⑤按成本计算对象开设产品或服务成本明细账计算产品或服务成本。

三、生产成本的核算

(一)账户设置

为了反映和监督生产产品或提供服务项目发生的各项费用,计算生产成本,应设置"生产成本"账户,借方归集为了生产产品或提供服务发生的各项生产费用。按成本核算对象和成本项目归集各项生产费用时,借记"生产成本"账户,贷记"库存现金"、"银行存款"、"产品物资"、"应付工资"、"成员往来"、"应付款"等账户;生产的产品完工验收入库时,按产品成本借记"产品物资",贷记"生产成本";合作社提供的服务完工,结转服务成本时,借记"经营支出"账户,贷记"生产成本"账户;"生产成本"账户的借方余额为在产品或在服务的生产成本。

(二)合作社生产成本核算举例

1. 农产品成本核算举例

【例 5-9】某合作社开展玉米和高粱新品种示范推广,直接组织种植 20 亩,其中玉米 10 亩,高粱 10 亩。投入玉米种子 500 元,高粱种子 400 元;施用化肥玉米 1 800 元,高粱 1 000 元;生产过程田间管理人员工资共 6 000 元，按种植面积分摊。主要会计事项如下。

①投入种子时，会计分录为：

借：生产成本——玉米　　500
　　　　　　——高粱　　400
　贷：产品物资——玉米　　500
　　　　　　　——高粱　　400

②为农田施用化肥时，会计分录为：

借：生产成本——玉米　　1 800
　　　　　　——高粱　　1 000
　贷：产品物资——玉米　　1 800
　　　　　　　——高粱　　1 000

③按种植面积计算分摊农田管理人员工资时，会计分录为：

借：生产成本——玉米　　3 000
　　　　　　——高粱　　3 000
　贷：应付工资　　6 000

④收获农产品入库时，会计分录为：

借：产品物资——玉米　　5 300
　　　　　　——高粱　　4 400
　贷：生产成本——玉米　　5 300
　　　　　　　——高粱　　4 400

2. 服务成本核算主要会计事项

【例 5-10】某专业合作社为本地区种植业提供技术指导等服务，合同规定服务期均为一年半。具体会计处理为。

(1)在提供服务期间发生各种费用 60 000 元。其中领用产品物资 2 000 元，应付该项目人员工资 40 000 元，以现金支付交通费等 18 000 元。会计分录为：

借：生产成本——X 服务项目　　60 000

贷:库存现金　　18 000

　　产品物资　　2 000

　　应付工资　　40 000

(2)一年半的服务合同完成,确定服务收入10 000元。会计分录为:

借:应收款　　100 000

　　贷:经营收入——服务收入　　100 000

同时,结转服务成本60 000元,会计分录为:

借:经营支出　　60 000

　　贷:生产成本　　60 000

第三节　合作社费用的核算

一、合作社费用的分类

费用是合作社进行生产经营和管理活动所发生的各种耗费,包括经营支出、管理费用和其他支出等。

(一)经营支出

经营支出是指合作社因销售产品(牲畜、禽、林木等)、提供服务以及为成员代购代销等活动发生的实际支出,包括销售产品物资成品、销售牲畜(禽)成本、销售林木成本、对外提供服务成本等。

(二)管理费用

管理费用是指合作社为组织和管理生产经营活动而发生的各项支出,包括管理人员工资、办公费、差旅费、管理用固定资产折旧、业务招待费、无形资产摊销等。

(三)其他支出

其他支出是指合作社除经营支出、管理费用以外的支出,包括固定资产及产品物资的盘亏损失、林木资产和牲畜(禽)资产毁损死亡损失、罚款支出、捐赠支出、利息支出、无法收回的应收款项损失等。

二、经营支出的核算

(一)账户设置

为了反映和监督合作社的经营支出,应设置"经营支出"账户。"经营支出"是损益类账户,合作社发生各项经营支出时记借方,年末结转"本年盈余"账户时记贷方,结转"本年盈余"账户后无余额。"经营支出"账户按经营项目设置明细账,进行明细核算。

(二)主要会计事项举例

【例 5-11】某专业合作社发生下列经济事项。

(1)结转产品物资销售成本 40 000 元。会计分录为:

借:经营支出　　40 000

　贷:产品物资　　40 000

(2)计算应付经营人员工资 8 000 元。会计分录为:

借:经营支出　　8 000

　贷:应付工资　　8 000

(3)结转长期技术服务项目成本 12 000 元。会计分录为:

借:经营支出　　12 000

　贷:生产成本　　12 000

(4)用现金支付生产经营设备的维修费 3 000 元。会计分录为:

借:经营支出　　3 000

　贷:库存现金　　3 000

(5)年末将经营支出 63 000 元结转"本年盈余"账户。会计分录为:

借:本年盈余　　63 000

贷:经营支出 63 000

三、管理费用的核算

(一)账户设置

为了反映和监督合作社的管理费用,应设置“管理费用”账户。“管理费用”是损益类账户,合作社发生各项管理费用时记借方,年末结转“本年盈余”账户时记贷方,结转“本年盈余”账户后无余额。“管理费用”账户按管理费用项目设置明细账,进行明细核算。

(二)主要会计事项举例

【例 5-12】某专业合作社发生下列经济事项。

(1)用现金支付办公费 200 元。会计分录为:

借:管理费用 200

贷:库存现金 200

(2)计算合作社管理人员工资 18 888 元。会计分录为:

借:管理费用 18 888

贷:应付工资 18 888

(3)计提管理用固定资产折旧 1 112 元。会计分录为:

借:管理费用 1 112

贷:累计折旧 1 112

(4)年末将管理费用 20 200 元结转“本年盈余”账户。会计分录为:

借:本年盈余 20 200

贷:管理费用 20 200

四、其他支出的核算

(一)账户设置

为了反映和监督合作社的其他支出,应设置“其他支出”账户。

“其他支出”是损益类账户，借方登记合作社发生的各项其他支出，贷方登记年末结转“本年盈余”账户的其他支出数额，结转“本年盈余”账户后无余额。“其他支出”账户按其他支出费用项目设置明细账，进行明细核算。

(二)主要会计事项举例

【例 5-13】某专业合作社发生下列经济事项。

(1)产品物资盘亏 100 元，经批准同意核销。会计分录为：

借：其他支出　　100

　贷：产品物资　　100

(2)结转清理固定资产净损失 200 元。会计分录为：

借：其他支出　　200

　贷：固定资产清理　　200

(3)用银行存款支付银行借款利息 300 元。会计分录为：

借：其他支出　　300

　贷：银行存款　　300

(4)因债务人死亡应收款 400 元已无法收回，经批准同意核销。会计分录为：

借：其他支出　　400

　贷：应收款　　400

(5)年末将其他支出 1 000 元结转“本年盈余”账户。会计分录为：

借：本年盈余　　1 000

　贷：其他支出　　1 000

第四节 盈余和盈余分配的核算

一、合作社盈余的构成

盈余是合作社在一定期间(月、年)内从事生产经营和服务活动取得的净收益,是一定期间的财务成果。合作社的盈余归全体成员所有,其构成可用下列公式表示:

本年盈余=经营收益+其他收入-其他支出

其中:经营收益=经营收入+投资收益-经营支出-管理费用。

二、本年盈余的核算

(一)账户设置

为了反映和监督合作社的本年盈余,应设置"本年盈余"账户。"本年盈余"是所有者权益账户,该账户的贷方汇集构成本年盈余的各项收入,借方汇集构成本年盈余的各项费用。"本年盈余"账户的贷方余额是本期盈余,借方余额是本期亏损。

(二)盈余的计算和会计处理

合作社的盈余核算一般采用"表结法"。"表结法"就是每月结账时,只要结出各损益类账户的本年累计余额,就可以根据这些余额逐项填入"盈余及盈余分配表",通过"盈余及盈余分配表"计算出从年初至本月末止的本年累计盈余或亏损。在年末决算时再将各损益类账户的累计余额结转"本年盈余"账户,结转后各损益账户无余额。

【例 5-14】某专业合作社盈余核算采用"表结法",年末结转"本年盈余"账户前,各损益账户余额如下:"经营收入"贷方余额

160 000 元;“投资收益”贷方余额 20 000 元;“其他收入”贷方余额 10 000 元;“经营支出”借方余额 120 000 元;“管理费用”借方余额 30 000 元;“其他支出”借方余额 10 000 元。

(1)将各项收入结转“本年盈余”账户,会计分录为:

借:经营收入　　160 000
　　投资收益　　20 000
　　其他收入　　10 000
　贷:本年盈余　　190 000

(2)将各项费用结转“本年盈余”账户,会计分录为:

借:本年盈余　　160 000
　贷:经营支出　　120 000
　　　管理费用　　30 000
　　　其他支出　　10 000

(3)在“本年盈余”账户计算本年盈余,本例“本年盈余”账户贷方余额为 30 000 元,即本年盈余 30 000 元。“本年盈余”账户余额在年末应结转“盈余分配－未分配盈余”账户,结转后“本年盈余”账户无余额。会计分录如下:

借:本年盈余　　30 000
　贷:盈余分配－未分配盈余　　30 000

如合作社是亏损,应借记“盈余分配－未分配盈余”,贷记“本年盈余”。

本年盈余的计算和账户对应关系如图 5-1 所示。

三、合作社盈余分配的核算

(一)计算合作社可分配盈余

合作社可分配盈余可按下列公式计算:

可分配盈余＝本年盈余＋年初未分配盈余＋其他转入

本年盈余是指年终合作社从“本年盈余”账户结转到“盈余分

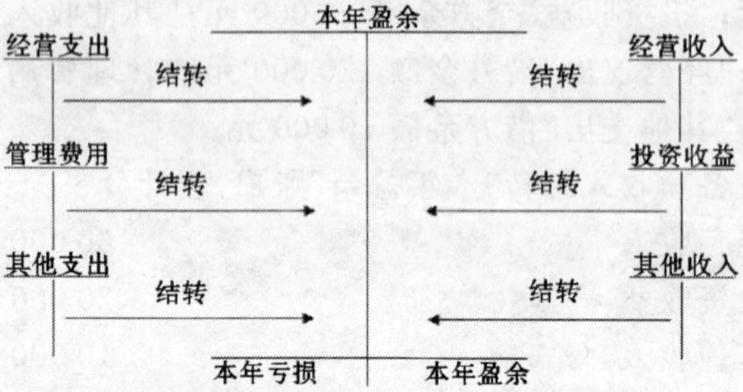

图 5-1　本年盈余计算及账户对应关系图

配”账户的本年盈余总额；年初未分配盈余是指截止上年末止的累计未分配盈余；其他转入是指合作社按规定用公积金弥补亏损等转入的数额。

(二)盈余分配程序

农民专业合作社的盈余分配必须按照《农民专业合作社法》、《农民专业合作社财务会计制度(试行)》、农民专业合作社章程的规定，制定盈余分配方案，分配方案必须经过农民专业合作社成员大会或成员代表大会讨论通过后，方可执行。合作社盈余分配的基本程序如下。

1. 弥补以前年度亏损　根据《农民专业合作社法》规定，合作社的当年盈余首先用于弥补以前年度亏损。

2. 按照章程规定或成员大会决议提取公积金　根据《农民专业合作社法》规定，农民专业合作社可以按照章程或者合作社成员大会的决议从当年的盈余中提取盈余公积，并按年度量化为每个成员的份额。但是否提取盈余公积，提取多少盈余公积由合作社章程规定或合作社成员大会决议确定。

3. 向成员返还盈余　根据《农民专业合作社法》规定，合作社当年的可分配盈余按照下列规定返还或者分配给成员，具体分配办法按照章程规定或成员大会决议确定。

①按成员与本社交易量(额)比例返还,返还总额不得低于可分配盈余的60%,该部分返还简称按成员交易量(额)返还。

②按前项规定返还后的余额部分,以成员账户中记载的出资额和公积金份额,以及本社接受国家财政直接补助和他人捐赠形成的财产平均量化到成员的份额,按比例分配给本社成员,该部分返还简称按成员财产份额返还。

(三)盈余分配的核算

1. 账户设置　为了反映和监督合作社的当年可分配盈余和盈余分配情况,计算年末未分配盈余,应设“盈余分配”账户。“盈余分配”是所有者权益账户。贷方登记年终从“本年盈余”账户结转的本年盈余、合作社用盈余公积弥补亏损的数额。借方登记本年盈余分配数额,包括提取盈余公积,按交易量(额)向成员返还盈余。按以成员账户中记载的出资额和公积金份额,以及本社接受国家财政直接补助和他人捐赠形成的财产平均量化到成员的份额,按比例分配给本社成员的盈余。“盈余分配”的余额为本年未分配盈余或未弥补亏损。“盈余分配”账户应设置“未分配盈余”和“各项分配”2个二级账户,组织明细核算。

2. 主要会计事项举例

【例5-15】某专业合作社年终有关盈余分配的相关事项如下。

(1)年末将本年盈余30 000元结转“盈余分配”账户。会计分录为:

借:本年盈余　　30 000

　　贷:盈余分配—未分配盈余　　30 000

(2)根据合作社成员大会决议批准的盈余分配方案,本年提取盈余公积3 000元。会计分录为:

借:盈余分配—各项分配—提取盈余公积　　3 000

　　贷:盈余公积　　3 000

(3)根据盈余分配方案,按成员交易量(额)比例返还盈余21 600 元,会计分录为:

借:盈余分配—各项分配—按交易量(额)返还　　21 600

　贷:应付盈余返还　　21 600

实际付款时,会计分录为:

借:应付盈余返还　　21 600

　贷:银行存款　　21 600

(4)根据盈余分配方案,按成员财产份额返还盈余 5 400 元。会计分录为:

借:盈余分配—各项分配—按成员财产份额返还　　5 400

　贷:应付剩余盈余　　5 400

实际付款时,会计分录为:

借:应付剩余盈余　　5 400

　贷:银行存款　　5 400

(5)年终盈余分配结束,要将“盈余分配—各项分配”各明细科目的余额结转“盈余分配—未分配盈余”账户。结转时,会计分录为:

借:盈余分配—未分配盈余　　30 000

　贷:盈余分配—各项分配—提取盈余公积　　3 000

　　　—按交易量(额)返还　　21 600

　　　—按成员财产份额返还　　5 400

结转后,“盈余分配—各项分配”各明细账户无余额,“盈余分配—未分配盈余”明细账户贷方余额表示未分配盈余,借方余额表示未弥补亏损,本例无余额。

盈余分配和未分配盈余计算如图 5-2 所示。

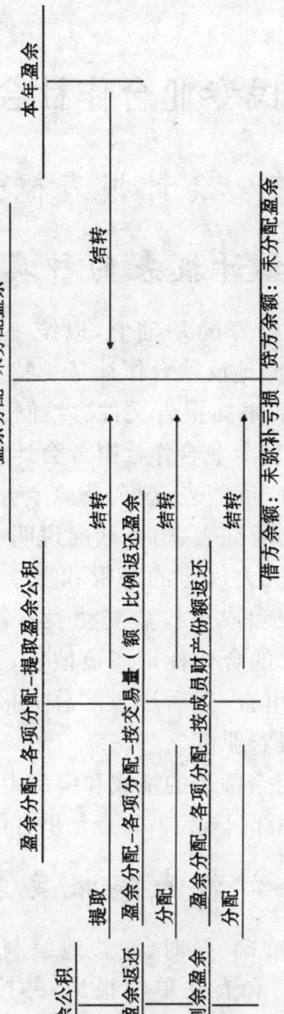

图5-2 未分配盈余的计算及账户对应关系图

第六章 农民专业合作社会计报表

第一节 会计报表概述

一、会计报表的种类

会计报表是在日常核算的基础上，以统一的格式、统一的量度，更集中、更概括、更深刻地反映合作社某一特定日期财务状况和某一会计期间经营成果的书面报告文件。编制会计报表是会计核算的专门方法之一。《农民专业合作社财务会计制度(试行)》规定：

①合作社应编制资产负债表、盈余及盈余分配表、成员权益变动表、科目余额表和收支明细表、财务状况说明书等。

②合作社应按登记机关规定的时限和要求，及时报送资产负债表、盈余及盈余分配表和成员权益变动表。各级农村经营管理部门，应对所辖地区报送的合作社资产负债表、盈余及盈余分配表和成员权益变动表进行审查，然后逐级汇总上报，同时附送财务状况说明书，按规定时间报农业部。

③收支明细表和科目余额表的格式和编制由省、自治区、直辖市财政部门和农村经营管理部门规定。重点是供合作社内部管理使用。

二、会计报表编报要求

合作社应按照规定准确、及时、完整地编制会计报表，向登记机关、农村经营管理部门和有关单位报送，并按时置备于办公地点，供成员查阅。

三、会计报表编制前的准备工作

为了能及时编制出数字真实、计算正确、内容完整的会计报表，合作社必须认真做好编制会计报表前的准备工作。

（一）进行财产清查

财产清查就是通过对实物的盘点，对银行存款、往来款项的清理核对，查明各项财产物资、货币资金、往来款项的实有数与账面数的差异，然后调整账面记录使其与实际数相符的方法。合作社在编制会计报表前应进行财产清查，目的是做到“账实相符”。由于财产清查的工作量较大，一般应采取月度重点抽查，年度再进行全面清查。

（二）账目核对

账目核对是指把有关账项进行核对，做到“账账相符”。核对账目包括外部核对和内部核对。外部核对是指合作社与其他单位往来账项的核对；内部核对是指合作社内部总账与明细账、总账与日记账的核对。在编制会计报表前，这些账项都要核对相符。

（三）调整账项

调整账项就是根据权责发生制的原则，将应属于本期的收入和费用全部登记入账，以便正确确定本期的财务成果。

（四）结　账

结账是指在当期的经济业务全部入账的基础上，计算出所有账户的本期发生额并计算出期末余额。

（五）编制试算平衡表

检查账务处理是否正确。

在做好上述准备工作后，接下来就可按规定编制会计报表。

第二节　资产负债表

一、什么是资产负债表

(一)资产负债表的特点

资产负债表又称财务状况表，是反映合作社在一定日期(如在月末、季末、半年末或年末时)资产、负债和所有者权益状况的会计报表。它记录的是合作社在某个期间结束的时候的资产、负债和所有者权益的状况。资产负债表就如同生活中的一张照片，能够记录和报告的是一个合作社的精彩瞬间。

(二)资产负债表设计原理

资产负债表设计原理是会计恒等式，用公式表示为：

资产＝负债＋股东权益

在某一特定时点，资产等于负债加所有者权益的数量关系是永恒的。资产讲的是在特定时点合作社拥有哪些可供使用的经济资源，负债和所有者权益揭示的是这些资产是从哪儿来的，即资产的来源或权利，它们是同一事物的两个方面。资产等于负债加所有者权益的公式，又称之为会计恒等式，会计恒等式是我们设计资产负债表的基本依据。

(三)资产负债表的格式

完整的资产负债表包括表头、正表和补充资料 3 个部分。根据财政部颁布的《农民专业合作社财务会计制度(试行)》的规定，合作社的资产负债表正表采用账户式。账户式资产负债表的特点是，表的结构像账户，分左右两方，表的左方列示合作社在特定时点的经济资源，即资产，按照资产的流动性，分别列示流动资产和长期资产两大类；右方列示企业在特定时点的负债和所有者权益。负债按流动性分别列示流动负债和长期负债两大类，所有者权益分别列示对合作社的投入和合作社的经营积累两大类。合作社资产负债表具体格式如表 6-1 所示。

第六章　农民专业合作社会计报表

表 6-1　资产负债表

编制单位：　　　　年　　月　　日　　　　单位：　元　　　　会农社 01 表

资　　产	行次	年初数	年末数	负债和所有者权益	行次	年初数	年末数
流动资产				**流动负债**			
货币资金	1			短期借款	30		
应收款项	5			应付款项	31		
存货	6			应付工资	32		
流动资产合计	10			应付盈余返还	33		
				应付剩余盈余	35		
长期资产				流动负债合计	36		
对外投资	11						
农业资产：				**非流动负债**			
畜牧(禽)资产	12			长期借款	40		
林木资产	13			专项应付款	41		
农业资产合计	15			长期负债合计	42		

续表 6-1

编制单位：　　　　　　　年　　月　　日　　　　　单位：元　　　　会农社 01 表

资　　产	行次	年初数	年末数	负债和所有者权益	行次	年初数	年末数
固定资产：				负债合计	43		
固定资产原值	16						
减：累计折旧	17			**所有者权益**			
固定资产净值	20			股金	44		
固定资产清理	21			专项基金	45		
在建工程	22			资本公积	46		
固定资产合计	25			盈余公积	47		
其他资产：				未分配盈余	50		
无形资产	27			所有者权益合计	51		
长期资产合计	28			**负债及所有者权益合计**	54		
资产总计	29						

补充资料

项目	金额
无法收回、尚未批准核销的应收款	
盘亏、毁损和报废、尚待批准核销的存货	
无法收回、尚未批准核销的对外投资	
死亡毁损、尚未批准核销的农业资产	
盘亏、毁损和报废、尚未批准核销的固定资产	
毁损和报废、尚未批准核销的在建工程	
注销和无效、尚未批准核销的无形资产	

二、资产负债表的内容和编制

资产负债表“年初数”栏内各项数字,应根据上年资产负债表的“年末数”栏所列数字填列。现就资产负债表“年末数”各项目的填列方法做如下说明。

(一)资产项目及填列方法

1.“货币资金”项目　反映合作社库存现金、银行结算户存款等货币资金的合计数。本项目应根据“库存现金”、“银行存款”科目的年末余额合计填列。

2.“应收款项”项目　反映合作社应收而未收回和暂付的各种款项,本项目应根据“应收款”和“成员往来”各明细科目的年末借方余额的合计数填列。

3.“存货”项目　反映合作社年末在库、在途和在加工中的各项存货的价值,包括各种材料、燃料、机械零配件、包装物、种子、化肥、农药、农产品、在产品、半成品、产成品等。本项目应根据“产品物资”、“受托代销商品”、“受托代购商品”、“委托加工物资”、“委托代销商品”、“生产成本”科目的年末余额合计填列。

4.“对外投资”项目　反映合作社的各种投资的账面余额。本项目应根据“对外投资”科目的年末余额填列。

5.“牲畜(禽)资产”项目　反映合作社购入或培育的幼禽及育肥畜和产役畜的账面余额。本项目应根据“牲畜(禽)资产”科目的年末余额填列。

6.“林木资产”项目　反映合作社购入或营造的林木的账面余额。本项目应根据“林木资产”科目的年末余额填列。

7.“固定资产原值”项目和“累计折旧”项目　反映合作社各种固定资产原值及累计折旧。这两个项目应分别根据“固定资产”科目和“累计折旧”科目的年末余额填列。

8.“固定资产清理”项目　反映合作社因出售、报废、毁损等原因转入清理但尚未清理完毕的固定资产的账面净值,以及固定资产清理过程中发生的清理费用和变价收入等各项金额的差额。本项目应根据“固定资产清理”科目的年末借方余额填列;如为贷方余额,本项目数字以“-”号表示。

9.“在建工程”项目　反映合作社各项尚未完工或已完工但尚未办理竣工决算和交付使用的工程项目的实际成本。本项目应根据“在建工程”科目的年末余额填列。

10.“无形资产”项目　反映合作社持有的各项无形资产的账面余额。本项目应根据“无形资产”科目的年末余额填列。

(二)负债项目及填列方法

1.“短期借款”项目　反映合作社借入尚未归还的一年期(含一年)的借款。本项目应根据“短期借款”科目的年末余额填列。

2.“应付款项”项目　反映合作社应付而未付及暂收的各种款项。本项目应根据“应付款项”科目年末余额和“成员往来”各明细科目期末贷方余额合计数填列。

3.“应付工资”项目　反映合作社已提取但尚未支付的人员工资。本项目应根据“应付工资”科目年末余额填列。

4.“应付盈余返还”项目　反映合作社按交易量(额)应支付但尚未支付给成员的可分配的盈余返还。本项目应根据“应付盈余返还”科目的年末余额填列。

5.“应付剩余盈余”项目　反映合作社以成员账户中记载的出资额和公积金份额,以及本社接受国家财政直接补助和他人捐赠形成的财产平均量化到本社社员的、应支付但尚未支付给社员的剩余盈余。本项目应根据“应付剩余盈余”科目的年末余额填列。

6.“长期借款”项目　反映合作社借入尚未归还的1年期以上(不含1年)的借款。本项目应根据“长期借款”科目的年末余额填列。

7."专项应付款"项目　反映合作社实际收到国家财政直接补助而尚未使用和结转的资金数额。本项目应根据"专项应付款"科目的年末余额填列。

(三)所有者权益项目及填列方法

1."股金"项目　反映合作社实际收到社员投入的股金总额。本项目应根据"股金"科目的年末余额填列。

2."专项基金"项目　反映合作社通过国家财政直接补助转入和他人捐赠形成的专项基金总额。本项目应根据"专项基金"科目年末余额填列。

3."资本公积"项目　反映合作社资本公积的账面余额。本项目应根据"资本公积"科目的年末余额填列。

4."盈余公积"项目　反映合作社盈余公积账面余额。本项目应根据"盈余公积"科目年末余额填列。

5."未分配盈余"项目　反映合作社尚未分配的盈余。本项目应根据"本年盈余"科目和"盈余分配"科目的年末余额计算填列；未弥补的亏损，在本项目内数字以"—"号表示。

三、资产负债表的作用

资产负债表能够提供合作社在某一日期资产、负债、所有者权益及其相互关系的财务信息，它就好比是生活中的一张照片，记录了企业在月末、或年末时刻的一个精彩瞬间。它的作用至少可以表现在以下几个方面。

①可以提供合作社在某一个特定日期拥有的资产总量及其结构的财务信息。资产负债表可以展示合作社的实力，报告资源结构。

②可以提供合作社在特定日期的负债总额及其结构的财务信息。资产负债表可以告诉我们合作社在特定时点承担的债务总额、债务项目及偿还债务时间。

③可以反映在特定时点所有者对合作社资产拥有的权益及形成原因。

④将一定时期的资产、负债和所有者权益进行比较,就可以观察合作社财务发展变化的趋势。

⑤借助资产负债表的分析,还可以判断合作社是否健康,有助于合作社管理层做出经济决策。如我们通过计算资产负债率,可以判断合作社的潜在风险有多大;通过计算流动比率和速动比率,可以判断合作社短期偿债能力强不强,尤其是可以判断合作社是否可以岁岁平安。我们通过对资产的分析,可以了解资产的质量高不高,资产的结构是否合理,资产的使用效率高不高。我们通过对负债的分析,可以进一步排查合作社的现实风险和潜在风险。

第三节　盈余及盈余分配表

一、什么是盈余及盈余分配表

盈余及盈余分配表反映合作社在一定期间内实现盈余及其分配的实际情况。该表包括以下 2 个部分。

①计算和报告本年盈余,计算公式为:

经营收益＝经营收入＋投资收益－经营支出－管理费用

本年盈余＝经营收益＋其他收入－其他支出

②计算和报告可分配盈余、盈余分配和年末未分配盈余,计算公式为:

可分配盈余＝本年盈余＋年初未分配盈余＋其他转入

年末未分配盈余＝可分配盈余－提取盈余公积－盈余返还－剩余盈余分配

盈余及盈余分配表的公式如表 6-2 所示。

表 6-2 盈余及盈余分配表

编制单位：　　　　　　年　　　　　　单位:元　　　　　　会农社 02 表

项　目	行次	金额	项　目	行次	金额
本年盈余			盈余分配		
一、经营收入	1		四、本年盈余	16	
加：投资收益	2		加：期初未分配盈余	17	
减：经营支出	5		其他转入	18	
管理费用	6		五、可分配盈余	21	
二、经营收益	10		减：提取盈余公积	22	
加：其他收入	11		盈余返还	23	
减：其他支出	12		剩余盈余分配	24	
三、本年盈余	15		六、年末未分配盈余	28	

二、盈余及盈余分配表的内容和编制

(一)本年盈余部分

1."经营收入"项目　反映合作社进行生产、销售、服务、劳务等活动取得的收入总额,本项目应根据"经营收入"科目的发生额分析填列。

2."投资收益"项目　反映合作社以各种方式对外投资所取得的收益,本项目应根据"投资收益"科目的发生额分析填列;如为投资损失,以"—"号填列。

3."经营支出"项目　反映合作社进行生产、销售、服务、劳务等活动发生的费用,本项目应根据"经营支出"科目的发生额分析填列。

4."管理费用"项目　反映合作社为组织和管理生产经营服务活动而发生的费用,本项目应根据"管理费用"科目的发生额分析填列。

5."其他收入"项目和"其他支出"项目　反映合作社除从事主要生产经营活动以外而取得的收入和发生的支出,本项目应根据"其他收入"和"其他支出"科目的发生额分析填列。

6."本年盈余"项目　反映合作社本年实现的盈余总额,如为亏损总额,本项目数字以"—"号填列。

(二)盈余分配部分

1."本年盈余"项目　根据"盈余及盈余分配表"的本年盈余部分计算的本年盈余项目直接填列。

2."年初未分配盈余"项目　反映合作社上年度未分配的盈余,本项目应根据上年度盈余及盈余分配表中的"年末未分配盈余"数额填列。

3."其他转入"项目　反映合作社按规定用公积金弥补亏损等转入的数额,本项目应根据实际转入的公积金数额填列。

4."可分配盈余"项目　反映合作社年末可供分配的盈余总额,本项目应根据"本年盈余"项目、"年初未分配盈余"项目和"其他转入"项目的合计数填列。

5."提取盈余公积"项目　反映合作社按规定提取的盈余公积数额,本项目应根据实际提取的盈余公积数额填列。

6."盈余返还"项目　反映合作社按交易量(额)应返还给成员的盈余,本项目应根据"盈余分配"科目的发生额分析填列。

7."剩余盈余分配"项目　反映合作社按规定应分配给成员的剩余可分配盈余,本项目应根据"盈余分配"科目的发生额分析填列。

8."年末未分配盈余"项目　反映合作社年末累计未分配的盈

余，本项目应根据“可分配盈余”项目扣除各项分配数额的差额填列，如为未弥补的亏损，本项目数字以“—”号填列。

三、盈余及盈余分配表的作用

合作社编制盈余及盈余分配表的作用主要有 2 个方面：①计算和报告合作社在某一会计期间盈余形成的过程，包括发生的收入、费用和计算的盈余；②报告可分配盈余的来源，计算和报告可分配的盈余，报告盈余分配的去向，计算和报告年末未分配盈余。

第四节　成员权益变动表和财务状况说明书

一、成员权益变动表

（一）什么是成员权益变动表

成员权益变动表是报告年度合作社成员权益增减变动情况的会计报表。它的格式如表 6-3 所示。

（二）成员权益变动表的编制方法

本表各项目应根据“股金”、“专项基金”、“资本公积”、“盈余公积”、“未分配盈余”科目的发生额分析填列。

“未分配盈余”的本年增加数是指本年实现盈余数（净亏损以“—”号填列）。

二、成员账户

（一）什么是成员账户

成员账户是反映合作社成员入社出资额、量化到成员的公积金份额、成员与本社的交易量（额）以及返还给成员的盈余和剩余盈余金额的会计报表。成员账户的格式如表6-4所示。

（二）成员账户登记方法

年初将上年各项公积金数额转入；本年发生公积金份额变化时，按实际发生变化数填列调整；“形成财产的财政补助资金量化份额”、“捐赠财产量化份额”在年度终了，或合作社进行剩余盈余分配时，根据实际发生情况或变化情况计算填列调整。

成员与合作社发生经济业务往来时，“交易量（额）”按实际发生数填列。

年度终了，以“成员出资”、“公积金份额”、“形成财产的财政补助资金量化份额”、“捐赠财产量化份额”合计数汇总成员应享有的合作社公积金份额，以“盈余返还金额”和“剩余盈余返还金额”合计数汇总为成员全年盈余返还总额。

三、财务状况说明书

（一）什么是财务状况说明书

财务状况说明书是对合作社一定会计期间生产经营、提供劳务服务以及财务、成本情况进行分析说明的书面文件。根据《农民专业合作社财务会计制度（试行）》规定，合作社应在年末对年度内财务状况进行全面系统分析，并编制财务状况说明书。

（二）财务状况说明书的内容

合作社的财务状况说明书至少包括下列内容。

1. 合作社生产经营服务的基本情况　包括合作社的股金总额、成员总数、农民成员数及所占比例、主要服务对象、主要经营项目等情况。

2. 成员权益结构　包括：①理事长、理事、执行理事、监事会成员名单及变动情况；②各成员的出资额，量化为各成员的公积金份额，以及成员入社和退社情况；③企事业单位或社会团体成员个数及所占的比例；④成员权益变动情况。

3. 其他重要事项　包括：①变更主要经营项目；②从事的进出口贸易；③重大财产处理、大额举债、对外投资和担保；④接受捐赠；⑤国家财政支持和税收优惠；⑥与成员的交易量（额）和与利用其提供的服务的非成员的交易量（额）；⑦提取盈余公积的比例；⑧盈余分配方案、亏损处理方案；⑨未决诉讼、仲裁。

第五节　收支明细表和科目余额表

一、收支明细表

收支明细表是按月编制的、反映合作社在会计年度各月及年内至每个月末止累计发生的各项收支明细项目的会计报表。本表应根据构成本年盈余的各项收支科目发生额分析计算填列。收支明细表的格式如表 6-5 所示。

二、科目余额表

科目余额表是合作社按月编制、用以反映月末各会计科目余额的会计报表。科目余额表也是试算平衡表，是编制资产负债表的基础。编制科目余额表，可以检查合作社账目是否正确，依据科目余额表也可以分析财务状况和收支状况。科目余额表的格式如表 6-6 所示。

表 6-3 成员权益变动表

编制单位： 年 单位： 元 会农社 03 表

项目	股金	专项基金	资本公积	盈余公积	未分配盈余	合计
年初余额						
本年增加数						
	其中：	其中：	其中：	其中：		
	资本公积转增	国家财政直接补助	股金溢价	从盈余中提取		
	盈余公积转增	接受捐赠转入	资产评估增值			
	成员增加出资					
本年减少数						
					其中：	
					按交易量（额）分配的盈余：	
					剩余盈余分配	
年末余额						

表 6-4 成员账户

成员姓名：　　　　联系地址：　　　　第　　页

编号	年		摘要	成员出资	公积金份额	形成财产的财政补助资金量化份额	捐赠财产量化份额	交易量		交易额		盈余返还金额	剩余盈余返还金额
	月	日						产品 1	产品 2	产品 1	产品 2		
1													
2													
3													
4													
5													
年终合计													
				公积金总额：			盈余返还总额：						

表 6-5 收支明细表

编制单位： 年 月 单位： 元

项 目	序号	本月数	本年累计数	项 目	序号	本月数	本年累计数
一、经营收入				一、经营支出			
1. 产品销售收入				1. 销售产品成本			
2. 委托代销收入				2. 销售费用			
3. 代购代销收入				3. 销售物资成本			
4. 服务收入				4. 销售牲畜成本			
5. 劳务收入				5. 销售林木成本			
				6. 经济林木摊销			
				7. 运输费			
二、其他收入				8. 固定资产折旧			
1. 利息收入				9. 其他经营支出			
2. 资产盘盈收入							
3. 物资盘盈收入							

续表 6-5

编制单位：　　　　　　　　　　年　　　　月　　　　　　　　　　单位：　元

项　目	序号	本月数	本年累计数	项　目	序号	本月数	本年累计数
4. 罚没收入				二、管理费用			
				1. 管理人员报酬			
				2. 办公费			
				3. 差旅费			
三、投资收益				4. 固定资产折旧			
1. 投资分得利润				5. 业务招待费			
2. 债券利息				6. 无形资产摊销			
3. 现金股利							
4. 转让收回收益							
				三、其他支出			
				1. 贷款利息			
				2. 农业资产损失			
				3. 资产物资盘亏			

续表 6-5

编制单位：　　　　　　　　　年　　　月　　　　　　　　　单位：　元

项　目	序号	本月数	本年累计数	项　目	序号	本月数	本年累计数
				4. 罚款支出			
				5. 捐赠支出			
				6. 坏账损失			
				7. 税金			
收入合计				支出合计			
收支差额							

表 6-6　科目余额表

编制单位：　　　　　　　　　　　年　　　月　　　　单位：　元

顺序号	科目编号	科目名称	期初余额		本期发生额		期末余额	
			借方	贷方	借方	贷方	借方	贷方
1	101	库存现金						
2	102	银行存款						
3	113	应收款						
4	114	成员往来						
5	121	产品物资						
6	124	委托加工物资						
7	125	委托代销商品						
8	127	受托代购商品						
9	128	受托代销商品						
10	131	对外投资						
11	141	牲畜(禽)资产						
12	142	林木资产						
13	151	固定资产						
14	152	累计折旧						
15	153	在建工程						
16	154	固定资产清理						
17	161	无形资产						
18	201	短期借款						
19	211	应付款						

续表 6-6

编制单位：　　　　　　　　　　　　年　　月　　　　单位：　元

顺序号	科目编号	科目名称	期初余额		本期发生额		期末余额	
			借方	贷方	借方	贷方	借方	贷方
20	212	应付工资						
21	221	应付盈余返还						
22	222	应付剩余盈余						
23	231	长期借款						
24	235	专项应付款						
25	301	股　金						
26	311	专项基金						
27	321	资本公积						
28	322	盈余公积						
29	331	本年盈余						
30	332	盈余分配						
31	401	生产成本						
32	501	经营收入						
33	502	其他收入						
34	511	投资收益						
35	521	经营支出						
36	522	管理费用						
37	529	其他支出						
		合　计						

附录1

中华人民共和国农民专业合作社法

目　录

第一章　总　则

第一条　为了支持、引导农民专业合作社的发展，规范农民专业合作社的组织和行为，保护农民专业合作社及其成员的合法权益，促进农业和农村经济的发展，制定本法。

第二条　农民专业合作社是在农村家庭承包经营基础上，同类农产品的生产经营者或者同类农业生产经营服务的提供者、利用者，自愿联合、民主管理的互助性经济组织。

农民专业合作社以其成员为主要服务对象，提供农业生产资料的购买，农产品的销售、加工、运输、贮藏以及与农业生产经营有关的技术、信息等服务。

第三条　农民专业合作社应当遵循下列原则：

（一）成员以农民为主体；

（二）以服务成员为宗旨，谋求全体成员的共同利益；

（三）入社自愿、退社自由；

（四）成员地位平等，实行民主管理；

（五）盈余主要按照成员与农民专业合作社的交易量（额）比例返还。

第四条　农民专业合作社依照本法登记，取得法人资格。

农民专业合作社对由成员出资、公积金、国家财政直接补助、他人捐赠以及合法取得的其他资产所形成的财产，享有占有、使用和处分的权利，并以上述财产对债务承担责任。

第五条　农民专业合作社成员以其账户内记载的出资额和公积金份额为限对农民专业合作社承担责任。

第六条　国家保护农民专业合作社及其成员的合法权益，任何单位和个人不得侵犯。

第七条　农民专业合作社从事生产经营活动，应当遵守法律、行政法规，遵守社会公德、商业道德，诚实守信。

第八条　国家通过财政支持、税收优惠和金融、科技、人才的扶持以及产业政策引导等措施，促进农民专业合作社的发展。

国家鼓励和支持社会各方面力量为农民专业合作社提供服务。

第九条　县级以上各级人民政府应当组织农业行政主管部门和其他有关部门及有关组织，依照本法规定，依据各自职责，对农民专业合作社的建设和发展给予指导、扶持和服务。

第二章　设立和登记

第十条　设立农民专业合作社，应当具备下列条件：

（一）有五名以上符合本法第十四条、第十五条规定的成员；

(二)有符合本法规定的章程;

(三)有符合本法规定的组织机构;

(四)有符合法律、行政法规规定的名称和章程确定的住所;

(五)有符合章程规定的成员出资。

第十一条　设立农民专业合作社应当召开由全体设立人参加的设立大会。设立时自愿成为该社成员的人为设立人。

设立大会行使下列职权:

(一)通过本社章程,章程应当由全体设立人一致通过;

(二)选举产生理事长、理事、执行监事或者监事会成员;

(三)审议其他重大事项。

第十二条　农民专业合作社章程应当载明下列事项:

(一)名称和住所;

(二)业务范围;

(三)成员资格及入社、退社和除名;

(四)成员的权利和义务;

(五)组织机构及其产生办法、职权、任期、议事规则;

(六)成员的出资方式、出资额;

(七)财务管理和盈余分配、亏损处理;

(八)章程修改程序;

(九)解散事由和清算办法;

(十)公告事项及发布方式;

(十一)需要规定的其他事项。

第十三条　设立农民专业合作社,应当向工商行政管理部门提交下列文件,申请设立登记:

(一)登记申请书;

(二)全体设立人签名、盖章的设立大会纪要;

(三)全体设立人签名、盖章的章程;

(四)法定代表人、理事的任职文件及身份证明;

（五）出资成员签名、盖章的出资清单；

（六）住所使用证明；

（七）法律、行政法规规定的其他文件。

登记机关应当自受理登记申请之日起 20 日内办理完毕，向符合登记条件的申请者颁发营业执照。

农民专业合作社法定登记事项变更的，应当申请变更登记。

农民专业合作社登记办法由国务院规定。办理登记不得收取费用。

第三章　成　员

第十四条　具有民事行为能力的公民，以及从事与农民专业合作社业务直接有关的生产经营活动的企业、事业单位或者社会团体，能够利用农民专业合作社提供的服务，承认并遵守农民专业合作社章程，履行章程规定的入社手续的，可以成为农民专业合作社的成员。但是，具有管理公共事务职能的单位不得加入农民专业合作社。

农民专业合作社应当置备成员名册，并报登记机关。

第十五条　农民专业合作社的成员中，农民至少应当占成员总数的 80％。

成员总数 20 人以下的，可以有一个企业、事业单位或者社会团体成员；成员总数超过 20 人的，企业、事业单位和社会团体成员不得超过成员总数的 5％。

第十六条　农民专业合作社成员享有下列权利：

（一）参加成员大会，并享有表决权、选举权和被选举权，按照章程规定对本社实行民主管理；

（二）利用本社提供的服务和生产经营设施；

（三）按照章程规定或者成员大会决议分享盈余；

（四）查阅本社的章程、成员名册、成员大会或者成员代表大会记录、理事会会议决议、监事会会议决议、财务会计报告和会计账簿；

（五）章程规定的其他权利。

第十七条　农民专业合作社成员大会选举和表决，实行1人1票制，成员各享有1票的基本表决权。

出资额或者与本社交易量（额）较大的成员按照章程规定，可以享有附加表决权。本社的附加表决权总票数，不得超过本社成员基本表决权总票数的20%。享有附加表决权的成员及其享有的附加表决权数，应当在每次成员大会召开时告知出席会议的成员。

章程可以限制附加表决权行使的范围。

第十八条　农民专业合作社成员承担下列义务：

（一）执行成员大会、成员代表大会和理事会的决议；

（二）按照章程规定向本社出资；

（三）按照章程规定与本社进行交易；

（四）按照章程规定承担亏损；

（五）章程规定的其他义务。

第十九条　农民专业合作社成员要求退社的，应当在财务年度终了的3个月前向理事长或者理事会提出；其中，企业、事业单位或者社会团体成员退社，应当在财务年度终了的6个月前提出；章程另有规定的，从其规定。退社成员的成员资格自财务年度终了时终止。

第二十条　成员在其资格终止前与农民专业合作社已订立的合同，应当继续履行；章程另有规定或者与本社另有约定的除外。

第二十一条　成员资格终止的，农民专业合作社应当按照章程规定的方式和期限，退还记载在该成员账户内的出资额和公积金份额；对成员资格终止前的可分配盈余，依照本法第三十七条第二款的规定向其返还。

资格终止的成员应当按照章程规定分摊资格终止前本社的亏损及债务。

第四章 组织机构

第二十二条 农民专业合作社成员大会由全体成员组成，是本社的权力机构，行使下列职权：

(一)修改章程；

(二)选举和罢免理事长、理事、执行监事或者监事会成员；

(三)决定重大财产处置、对外投资、对外担保和生产经营活动中的其他重大事项；

(四)批准年度业务报告、盈余分配方案、亏损处理方案；

(五)对合并、分立、解散、清算做出决议；

(六)决定聘用经营管理人员和专业技术人员的数量、资格和任期；

(七)听取理事长或者理事会关于成员变动情况的报告；

(八)章程规定的其他职权。

第二十三条 农民专业合作社召开成员大会，出席人数应当达到成员总数的2/3以上。

成员大会选举或者做出决议，应当由本社成员表决权总数过半数通过；做出修改章程或者合并、分立、解散的决议应当由本社成员表决权总数的2/3以上通过。章程对表决权数有较高规定的，从其规定。

第二十四条 农民专业合作社成员大会每年至少召开一次，会议的召集由章程规定。有下列情形之一的，应当在20日内召开临时成员大会：

(一)30%以上的成员提议；

(二)执行监事或者监事会提议；

(三)章程规定的其他情形。

第二十五条　农民专业合作社成员超过150人的，可以按照章程规定设立成员代表大会。成员代表大会按照章程规定可以行使成员大会的部分或者全部职权。

第二十六条　农民专业合作社设理事长1名，可以设理事会。理事长为本社的法定代表人。

农民专业合作社可以设执行监事或者监事会。理事长、理事、经理和财务会计人员不得兼任监事。

理事长、理事、执行监事或者监事会成员，由成员大会从本社成员中选举产生，依照本法和章程的规定行使职权，对成员大会负责。

理事会会议、监事会会议的表决，实行1人1票。

第二十七条　农民专业合作社的成员大会、理事会、监事会，应当将所议事项的决定做成会议记录，出席会议的成员、理事、监事应当在会议记录上签名。

第二十八条　农民专业合作社的理事长或者理事会可以按照成员大会的决定聘任经理和财务会计人员，理事长或者理事可以兼任经理。经理按照章程规定或者理事会的决定，可以聘任其他人员。

经理按照章程规定和理事长或者理事会授权，负责具体生产经营活动。

第二十九条　农民专业合作社的理事长、理事和管理人员不得有下列行为：

（一）侵占、挪用或者私分本社资产；

（二）违反章程规定或者未经成员大会同意，将本社资金借贷给他人或者以本社资产为他人提供担保；

（三）接受他人与本社交易的佣金归为己有；

（四）从事损害本社经济利益的其他活动。

理事长、理事和管理人员违反前款规定所得的收入，应当归本社所有;给本社造成损失的,应当承担赔偿责任。

第三十条　农民专业合作社的理事长、理事、经理不得兼任业务性质相同的其他农民专业合作社的理事长、理事、监事、经理。

第三十一条　执行与农民专业合作社业务有关公务的人员,不得担任农民专业合作社的理事长、理事、监事、经理或者财务会计人员。

第五章　财务管理

第三十二条　国务院财政部门依照国家有关法律、行政法规,制定农民专业合作社财务会计制度。农民专业合作社应当按照国务院财政部门制定的财务会计制度进行会计核算。

第三十三条　农民专业合作社的理事长或者理事会应当按照章程规定,组织编制年度业务报告、盈余分配方案、亏损处理方案以及财务会计报告,于成员大会召开的15日前,置备于办公地点,供成员查阅。

第三十四条　农民专业合作社与其成员的交易、与利用其提供的服务的非成员的交易,应当分别核算。

第三十五条　农民专业合作社可以按照章程规定或者成员大会决议从当年盈余中提取公积金。公积金用于弥补亏损、扩大生产经营或者转为成员出资。

每年提取的公积金按照章程规定量化为每个成员的份额。

第三十六条　农民专业合作社应当为每个成员设立成员账户,主要记载下列内容:

(一)该成员的出资额;

(二)量化为该成员的公积金份额;

(三)该成员与本社的交易量(额)。

第三十七条　在弥补亏损、提取公积金后的当年盈余,为农民专业合作社的可分配盈余。

可分配盈余按照下列规定返还或者分配给成员，具体分配办法按照章程规定或者经成员大会决议确定：

（一）按成员与本社的交易量（额）比例返还，返还总额不得低于可分配盈余的60%；

（二）按前项规定返还后的剩余部分，以成员账户中记载的出资额和公积金份额，以及本社接受国家财政直接补助和他人捐赠形成的财产平均量化到成员的份额，按比例分配给本社成员。

第三十八条　设立执行监事或者监事会的农民专业合作社，由执行监事或者监事会负责对本社的财务进行内部审计，审计结果应当向成员大会报告。

成员大会也可以委托审计机构对本社的财务进行审计。

第六章　合并、分立、解散和清算

第三十九条　农民专业合作社合并，应当自合并决议做出之日起10日内通知债权人。合并各方的债权、债务应当由合并后存续或者新设的组织承继。

第四十条　农民专业合作社分立，其财产做相应的分割，并应当自分立决议做出之日起10日内通知债权人。分立前的债务由分立后的组织承担连带责任。但是，在分立前与债权人就债务清偿达成的书面协议另有约定的除外。

第四十一条　农民专业合作社因下列原因解散：

（一）章程规定的解散事由出现；

（二）成员大会决议解散；

（三）因合并或者分立需要解散；

（四）依法被吊销营业执照或者被撤销。

因前款第一项、第二项、第四项原因解散的，应当在解散事由出现之日起15日内由成员大会推举成员组成清算组，开始解散清算。逾期不能组成清算组的，成员、债权人可以向人民法院申请指定成员组成清算组进行清算，人民法院应当受理该申请，并及时指定成员组成清算组进行清算。

第四十二条　清算组自成立之日起接管农民专业合作社，负责处理与清算有关未了结业务，清理财产和债权、债务，分配清偿债务后的剩余财产，代表农民专业合作社参与诉讼、仲裁或者其他法律程序，并在清算结束时办理注销登记。

第四十三条　清算组应当自成立之日起10日内通知农民专业合作社成员和债权人，并于60日内在报纸上公告。债权人应当自接到通知之日起30日内，未接到通知的自公告之日起45日内，向清算组申报债权。如果在规定期间内全部成员、债权人均已收到通知，免除清算组的公告义务。

债权人申报债权，应当说明债权的有关事项，并提供证明材料。清算组应当对债权进行登记。

在申报债权期间，清算组不得对债权人进行清偿。

第四十四条　农民专业合作社因本法第四十一条第一款的原因解散，或者人民法院受理破产申请时，不能办理成员退社手续。

第四十五条　清算组负责制定包括清偿农民专业合作社员工的工资及社会保险费用，清偿所欠税款和其他各项债务，以及分配剩余财产在内的清算方案，经成员大会通过或者申请人民法院确认后实施。

清算组发现农民专业合作社的财产不足以清偿债务的，应当依法向人民法院申请破产。

第四十六条　农民专业合作社接受国家财政直接补助形成的财产，在解散、破产清算时，不得作为可分配剩余资产分配给成员，处置办法由国务院规定。

第四十七条　清算组成员应当忠于职守，依法履行清算义务，因故意或者重大过失给农民专业合作社成员及债权人造成损失的，应当承担赔偿责任。

第四十八条　农民专业合作社破产适用企业破产法的有关规定。但是,破产财产在清偿破产费用和共益债务后,应当优先清偿破产前与农民成员已发生交易但尚未结清的款项。

第七章　扶持政策

第四十九条　国家支持发展农业和农村经济的建设项目,可以委托和安排有条件的有关农民专业合作社实施。

第五十条　中央和地方财政应当分别安排资金,支持农民专业合作社开展信息、培训、农产品质量标准与认证、农业生产基础设施建设、市场营销和技术推广等服务。对民族地区、边远地区和贫困地区的农民专业合作社和生产国家与社会急需的重要农产品的农民专业合作社给予优先扶持。

第五十一条　国家政策性金融机构应当采取多种形式,为农民专业合作社提供多渠道的资金支持。具体支持政策由国务院规定。

国家鼓励商业性金融机构采取多种形式,为农民专业合作社提供金融服务。

第五十二条　农民专业合作社享受国家规定的对农业生产、加工、流通、服务和其他涉农经济活动相应的税收优惠。

支持农民专业合作社发展的其他税收优惠政策,由国务院规定。

第八章　法律责任

第五十三条　侵占、挪用、截留、私分或者以其他方式侵犯农民专业合作社及其成员的合法财产,非法干预农民专业合作社及其成员的生产经营活动,向农民专业合作社及其成员摊派,强迫农民专业合作社及其成员接受有偿服务,造成农民专业合作社经济损失的,依法追究法律责任。

第五十四条　农民专业合作社向登记机关提供虚假登记材料或者采取其他欺诈手段取得登记的，由登记机关责令改正；情节严重的，撤销登记。

第五十五条　农民专业合作社在依法向有关主管部门提供的财务报告等材料中，做虚假记载或者隐瞒重要事实的，依法追究法律责任。

第九章　附　则

第五十六条　本法自 2007 年 7 月 1 日起施行。

附录 2

农民专业合作社财务会计制度

（试行）

一、总　　则

（一）为了规范农民专业合作社（以下简称合作社）会计工作，保护农民专业合作社及其成员的合法权益，根据《中华人民共和国会计法》、《中华人民共和国农民专业合作社法》及有关规定，结合合作社的实际情况，制定本制度。

（二）本制度适用于依照《中华人民共和国农民专业合作社法》设立并取得法人资格的合作社。

（三）合作社应根据本制度规定和会计业务需要，设置会计账簿，配备必要的会计人员。不具备条件的，也可以本着民主、自愿的原则，委托农村经营管理机构或代理记账机构代理记账、核算。

（四）合作社应按本制度规定，设置和使用会计科目，登记会计账簿，编制会计报表。

会计核算以人民币“元”为金额单位，“元”以下填至“分”。

（五）合作社的会计核算采用权责发生制。会计记账方法采用借贷记账法。

（六）合作社会计核算应当划分会计期间，分期结算账目。一个会计年度自公历 1 月 1 日起至 12 月 31 日止。

（七）合作社会计信息应定期、及时向本合作社成员公开，接受成员的监督。对于成员提出的问题，会计及管理人员应及时解答，确实存在错误的要立即纠正。

(八)财政部门依照《中华人民共和国会计法》规定职责,对合作社的会计工作进行管理和监督。

农村经营管理部门依照《中华人民共和国农民专业合作社法》和有关法规政策等,对合作社会计工作进行指导和监督。

(九)本制度自2008年1月1日起施行。

二、会计核算的基本要求

(一)合作社的资产分为流动资产、农业资产、对外投资、固定资产和无形资产等。

(二)合作社的流动资产包括现金、银行存款、应收款项、存货等。

(三)合作社必须根据有关法律法规,结合实际情况,建立健全货币资金内部控制制度。

合作社应当建立货币资金业务的岗位责任制,明确相关岗位的职责权限。明确审批人和经办人对货币资金业务的权限、程序、责任和相关控制措施。

合作社收取现金时手续要完备,使用统一规定的收款凭证。合作社取得的所有现金均应及时入账,不准以白条抵库,不准挪用,不准公款私存。

合作社要及时、准确地核算现金收入、支出和结存,做到账款相符。要组织专人定期或不定期清点核对现金。

合作社要定期与银行、信用社或其他金融机构核对账目。支票和财务印鉴不得由同一人保管。

(四)合作社的应收款项包括本社成员和非本社成员的各项应收及暂付款项。合作社对拖欠的应收款项要采取切实可行的措施积极催收。

(五)合作社应当建立健全销售业务内部控制制度,明确审批人和经办人的权限、程序、责任和相关控制措施。

合作社应当按照规定的程序办理销售和发货业务。应当在销售与发货各环节设置相关的记录、填制相应的凭证，并加强有关单据和凭证的相互核对工作。

合作社应当按照有关规定及时办理销售收款业务，应将销售收入及时入账，不得账外设账。

合作社应当加强销售合同、发货凭证、销售发票等文件和凭证的管理。

（六）合作社应当建立健全采购业务内部控制制度，明确审批人和经办人的权限、程序、责任和相关控制措施。

合作社应当按照规定的程序办理采购与付款业务。应当在采购与付款各环节设置相关的记录、填制相应的凭证，并加强有关单据和凭证的相互核对工作。在办理付款业务时，应当对采购发票、结算凭证、验收证明等相关凭证进行严格审核。

合作社应当加强对采购合同、验收证明、入库凭证、采购发票等文件和凭证的管理。

（七）合作社的存货包括种子、化肥、燃料、农药、原材料、机械零配件、低值易耗品、在产品、农产品、工业产成品、受托代销商品、受托代购商品、委托代销商品和委托加工物资等。

存货按照下列原则计价：购入的物资按照买价加运输费、装卸费等费用、运输途中的合理损耗等计价；受托代购商品视同购入的物资计价；生产入库的农产品和工业产成品，按生产过程中发生的实际支出计价；委托加工物资验收入库时，按照委托加工物资的成本加上实际支付的全部费用计价；受托代销商品按合同或协议约定的价格计价，出售受托代销商品时，实际收到的价款大于合同或协议约定价格的差额计入经营收入，实际收到的价款小于合同或协议约定价格的差额计入经营支出；委托代销商品按委托代销商品的实际成本计价。领用或出售的出库存货成本的确定，可在“先进先出法”、“加权平均法”、“个别计价法”等方法中任选一种，但是一经选定，不得随意变动。

合作社对存货要定期盘点核对，做到账实相符，年末必须进行一次全面的盘点清查。盘亏、毁损和报废的存货，按规定程序批准后，按实际成本扣除应由责任人或者保险公司赔偿的金额和残料价值后的余额，计入其他支出。

（八）合作社应当建立健全存货内部控制制度，建立保管人员岗位责任制。存货入库时，保管员清点验收入库，填写入库单；出库时，由保管员填写出库单，主管负责人批准，领用人签名盖章，保管员根据批准后的出库单出库。

（九）合作社根据国家法律、法规规定，可以采用货币资金、实物资产或者购买股票、债券等有价证券方式向其他单位投资。

（十）合作社的对外投资按照下列原则计价：

以现金、银行存款等货币资金方式向其他单位投资的，按照实际支付的款项计价。

以实物资产（含牲畜和林木）方式向其他单位投资的，按照评估确认或者合同、协议确定的价值计价。

合作社以实物资产方式对外投资，其评估确认或合同、协议确定的价值必须真实、合理，不得高估或低估资产价值。实物资产重估确认价值与其账面净值之间的差额，计入资本公积。

合作社对外投资分得的现金股利或利润、利息等计入投资收益。出售、转让和收回对外投资时，按实际收到的价款与其账面余额的差额，计入投资收益。

（十一）合作社应当建立健全对外投资业务内部控制制度，明确审批人和经办人的权限、程序、责任和相关控制措施。

合作社的对外投资业务（包括对外投资决策、评估及其收回、转让与核销），应当由理事会提交成员大会决策，严禁任何个人擅自决定对外投资或者改变成员大会的决策意见。

合作社应当建立对外投资责任追究制度，对在对外投资中出现重大决策失误、未履行集体审批程序和不按规定执行对外投资业务的人员，应当追究相应的责任。

合作社应当对对外投资业务各环节设置相应的记录或凭证，加强对审批文件、投资合同或协议、投资方案书、对外投资有关权益证书、对外投资处置决议等文件资料的管理，明确各种文件资料的取得、归档、保管、调阅等各个环节的管理规定及相关人员的职责权限。

合作社应当加强对投资收益的控制，对外投资获取的利息、股利以及其他收益，均应纳入会计核算，严禁设置账外账。

（十二）合作社要建立有价证券管理制度，加强对各种有价证券的管理。要建立有价证券登记簿，详细记载各有价证券的名称、券别、购买日期、号码、数量和金额。有价证券要由专人管理。

（十三）合作社的农业资产包括牲畜（禽）资产和林木资产等。

农业资产按下列原则计价：购入的农业资产按照购买价及相关税费等计价；幼畜及育肥畜的饲养费用、经济林木投产前的培植费用、非经济林木郁闭前的培植费用按实际成本计入相关资产成本；产役畜、经济林木投产后，应将其成本扣除预计残值后的部分在其正常生产周期内按直线法分期摊销，预计净残值率按照产役畜、经济林木成本的5%确定，已提足折耗但未处理仍继续使用的产役畜、经济林木不再摊销；农业资产死亡毁损时，按规定程序批准后，按实际成本扣除应由责任人或者保险公司赔偿的金额后的差额，计入其他收支；合作社其他农业资产，可比照牲畜（禽）资产和林木资产的计价原则处理。

（十四）合作社的房屋、建筑物、机器、设备、工具、器具和农业基本建设设施等，凡使用年限在1年以上，单位价值在500元以上的列为固定资产。有些主要生产工具和设备，单位价值虽低于规定标准，但使用年限在1年以上的，也可列为固定资产。

合作社以经营租赁方式租入和以融资租赁方式租出的固定资产，不应列为合作社的固定资产。

（十五）合作社应当根据具体情况分别确定固定资产的入账价值：

1. 购入的固定资产，不需要安装的，按实际支付的买价加采购费、包装费、运杂费、保险费和交纳的有关税金等计价；需要安装或改装的，还应加上安装费或改装费。

2. 新建的房屋及建筑物、农业基本建设设施等固定资产，按竣工验收的决算价计价。

3. 接受捐赠的全新固定资产，应按发票所列金额加上实际发生的运输费、保险费、安装调试费和应支付的相关税金等计价；无所附凭据的，按同类设备的市价加上应支付的相关税费计价。接受捐赠的旧固定资产，按照经过批准的评估价值或双方确认的价值计价。

4. 在原有固定资产基础上进行改造、扩建的，按原有固定资产的价值，加上改造、扩建工程而增加的支出，减去改造、扩建工程中发生的变价收入计价。

5. 投资者投入的固定资产，按照投资各方确认的价值计价。

（十六）合作社的在建工程指尚未完工、或虽已完工但尚未办理竣工决算的工程项目。在建工程按实际消耗的支出或支付的工程价款计价。形成固定资产的在建工程完工交付使用后，计入固定资产。

在建工程部分发生报废或者毁损，按规定程序批准后，按照扣除残料价值和过失人及保险公司赔款后的净损失，计入工程成本。单项工程报废以及由于自然灾害等非常原因造成的报废或者毁损，其净损失计入其他支出。

（十七）合作社必须建立固定资产折旧制度，按年或按季、按月提取固定资产折旧。固定资产的折旧方法可在“平均年限法”、“工作量法”等方法中任选一种，但是一经选定，不得随意变动。

合作社应当对所有的固定资产计提折旧，但是，已提足折旧仍继续使用的固定资产除外。

合作社当月或当季度增加的固定资产，当月或当季度不提折旧，从下月或下季度起计提折旧；当月或当季度减少的固定资产，当月或当季度照提折旧，从下月或下季度起不提折旧。

固定资产提足折旧后，不管能否继续使用，均不再提取折旧；提前报废的固定资产，也不再补提折旧。

（十八）固定资产的修理费用直接计入有关支出项目。

固定资产变卖和清理报废的变价净收入与其账面净值的差额计入其他收支。固定资产变价净收入是指变卖和清理报废固定资产所取得的价款减清理费用后的净额。固定资产净值是指固定资产原值减累计折旧后的净额。

（十九）合作社应当建立健全固定资产内部控制制度，建立人员岗位责任制。应当定期对固定资产盘点清查，做到账实相符，年度终了前必须进行一次全面的盘点清查。盘亏及毁损的固定资产，应查明原因，按规定程序批准后，按其原价扣除累计折旧、变价收入、过失人及保险公司赔款之后，计入其他支出。

（二十）合作社的无形资产是指合作社长期使用但是没有实物形态的资产，包括专利权、商标权、非专利技术等。无形资产按取得时的实际成本计价，并从使用之日起，按照不超过10年的期限平均摊销，计入管理费用。转让无形资产取得的收入，计入其他收入；转让无形资产的成本，计入其他支出。

（二十一）每年年度终了，合作社应当对应收款项、存货、对外投资、农业资产、固定资产、在建工程、无形资产等资产进行全面检查，对于已发生损失但尚未批准核销的各项资产，应在资产负债表补充资料中予以披露。这些资产包括：1. 确实无法收回的应收款项；2. 盘亏、毁损和报废的存货；3. 无法收回的对外投资；4. 死亡毁损的农业资产;5. 盘亏、毁损和报废的固定资产;6. 毁损和报废的在建工程;7. 注销和无效的无形资产。

(二十二)合作社应当定期或不定期对与资产有关的内部控制制度进行监督检查,对发现的薄弱环节,应当及时采取措施,加以纠正和完善。

(二十三)合作社的负债分为流动负债和长期负债。

流动负债是指偿还期在1年以内(含1年)的债务,包括短期借款、应付款项、应付工资、应付盈余返还、应付剩余盈余等。

长期负债是指偿还期超过1年以上(不含1年)的债务,包括长期借款、专项应付款等。

合作社的负债按实际发生的数额计价,利息支出计入其他支出。对发生因债权人特殊原因确实无法支付的应付款项,计入其他收入。

(二十四)合作社应当建立健全借款业务内部控制制度,明确审批人和经办人的权限、程序、责任和相关控制措施。不得由同一人办理借款业务的全过程。

合作社应当对借款业务按章程规定进行决策和审批,并保留完整的书面记录。

合作社应当在借款各环节设置相关的记录、填制相应的凭证,并加强有关单据和凭证的相互核对工作。合作社应当加强对借款合同等文件和凭证的管理。

合作社应当定期或不定期对借款业务内部控制进行监督检查,对发现的薄弱环节,应当及时采取措施,加以纠正和完善。

(二十五)合作社的所有者权益包括股金、专项基金、资本公积、盈余公积、未分配盈余等。

(二十六)合作社对成员入社投入的资产要按有关规定确认和计量。合作社收到成员入社投入的资产,应按双方确认的价值计入相关资产,按享有合作社注册资本的份额计入股金,双方确认的价值与按享有合作社注册资本的份额计算的金额的差额，计入资本公积。

合作社接受国家财政直接补助形成的固定资产、农业资产和无形资产，以及接受他人捐赠、用途不受限制或已按约定使用的资产计入专项基金。

合作社从当年盈余中提取的公积金，计入盈余公积。

（二十七）合作社的生产成本是指合作社直接组织生产或对非成员提供劳务等活动所发生的各项生产费用和劳务成本。

（二十八）合作社的经营收入是指合作社为成员提供农业生产资料的购买，农产品的销售、加工、运输、贮藏以及与农业生产经营有关的技术、信息等服务取得的收入，以及销售合作社自己生产的产品、对非成员提供劳务等取得的收入。合作社一般应于产品物资已经发出，服务已经提供，同时收讫价款或取得收取价款的凭据时，确认经营收入的实现。

合作社的其他收入是指除经营收入以外的收入。

（二十九）合作社的经营支出是指合作社为成员提供农业生产资料的购买，农产品的销售、加工、运输、贮藏以及与农业生产经营有关的技术、信息等服务发生的实际支出，以及因销售合作社自己生产的产品、对非成员提供劳务等活动发生的实际成本。

管理费用是指合作社管理活动发生的各项支出，包括管理人员的工资、办公费、差旅费、管理用固定资产的折旧、业务招待费、无形资产摊销等。

其他支出是指合作社除经营支出、管理费用以外的支出。

（三十）合作社的本年盈余按照下列公式计算：

本年盈余＝经营收益＋其他收入－其他支出

其中：

经营收益＝经营收入＋投资收益－经营支出－管理费用

投资收益是指投资所取得的收益扣除发生的投资损失后的数额。

投资收益包括对外投资分得的利润、现金股利和债券利息，以及投资到期收回或者中途转让取得款项高于账面余额的差额等。投资损失包括投资到期收回或者中途转让取得款项低于账面余额的差额。

（三十一）合作社在进行年终盈余分配工作以前，要准确地核算全年的收入和支出；清理财产和债权、债务，真实完整地登记成员个人账户。

三、会计科目

（一）会计科目表

顺序号	科目编号	科目名称
		一、资产类
1	101	库存现金
2	102	银行存款
3	113	应收款
4	114	成员往来
5	121	产品物资
6	124	委托加工物资
7	125	委托代销商品
8	127	受托代购商品
9	128	受托代销商品
10	131	对外投资
11	141	牲畜(禽)资产
12	142	林木资产

顺序号	科目编号	科目名称
13	151	固定资产
14	152	累计折旧
15	153	在建工程
16	154	固定资产清理
17	161	无形资产
		二、负债类
18	201	短期借款
19	211	应付款
20	212	应付工资
21	221	应付盈余返还
22	222	应付剩余盈余
23	231	长期借款
24	235	专项应付款
		三、所有者权益类
25	301	股金
26	311	专项基金
27	321	资本公积
28	322	盈余公积
29	331	本年盈余
30	332	盈余分配
		四、成本类
31	401	生产成本

顺序号	科目编号	科目名称
		五、损益类
32	501	经营收入
33	502	其他收入
34	511	投资收益
35	521	经营支出
36	522	管理费用
37	529	其他支出

附注：合作社在经营中涉及使用外埠存款、银行汇票存款、银行本票存款、信用卡存款、信用证保证金存款等各种其他货币资金的，可增设“其他货币资金”科目（科目编号109）；合作社在经营中大量使用包装物，需要单独对其进行核算的，可增设“包装物”科目（科目编号122）；合作社生产经营过程中，有牲畜（禽）资产、林木资产以外的其他农业资产，需要单独对其进行核算的，可增设“其他农业资产”科目（科目编号149），参照“牲畜（禽）资产”、“林木资产”进行核算；合作社需要分年摊销相关长期费用的，可增设“长期待摊费用”科目（科目编号171）。

（二）会计科目使用说明

101 库存现金

1. 本科目核算合作社的库存现金。

2. 合作社应严格按照国家有关现金管理的规定收支现金，超过库存现金限额的部分应当及时交存银行，并严格按照本制度规定核算现金的各项收支业务。

3. 收到现金时，借记本科目，贷记有关科目；支出现金时，借记有关科目，贷记本科目。

4. 本科目期末借方余额，反映合作社实际持有的库存现金。

102 银行存款

1. 本科目核算合作社存入银行、信用社或其他金融机构的款项。

2. 合作社应当严格按照国家有关支付结算办法，办理银行存款收支业务的结算，并按照本制度规定核算银行存款的各项收支业务。

3. 合作社将款项存入银行、信用社或其他金融机构时，借记本科目，贷记有关科目；提取和支出存款时，借记有关科目，贷记本科目。

4. 本科目应按银行、信用社或其他金融机构的名称设置明细科目，进行明细核算。

5. 本科目期末借方余额，反映合作社实际存在银行、信用社或其他金融机构的款项。

113 应收款

1. 本科目核算合作社与非成员之间发生的各种应收以及暂付款项，包括因销售产品物资、提供劳务应收取的款项以及应收的各种赔款、罚款、利息等。

2. 合作社发生各种应收及暂付款项时，借记本科目，贷记“经营收入”、“库存现金”、“银行存款”等科目；收回款项时，借记“库存现金”、“银行存款”等科目，贷记本科目。取得用暂付款购得的产品物资、劳务时，借记“产品物资”等科目，贷记本科目。

3. 对确实无法收回的应收及暂付款项，按规定程序批准核销时，借记“其他支出”科目，贷记本科目。

4. 本科目应按应收及暂付款项的单位和个人设置明细科目，进行明细核算。

5. 本科目期末借方余额，反映合作社尚未收回的应收及暂付款项。

114 成员往来

1. 本科目核算合作社与其成员的经济往来业务。

2. 合作社与其成员发生应收款项和偿还应付款项时，借记本科目，贷记“库存现金”、“银行存款”等科目；收回应收款项和发生应付款项时，借记“库存现金”、“银行存款”等科目，贷记本科目。

3. 合作社为其成员提供农业生产资料购买服务，按实际支付或应付的款项，借记本科目，贷记“库存现金”、“银行存款”、“应付款”等科目；按为其成员提供农业生产资料购买而应收取的服务费，借记本科目，贷记“经营收入”等科目；收到成员给付的农业生产资料购买款项和服务费时，借记“库存现金”、“银行存款”等科目，贷记本科目。

4. 合作社为其成员提供农产品销售服务，收到成员交来的产品时，按合同或协议约定的价格，借记“受托代销商品”等科目，贷记本科目。

5. 本科目应按合作社成员设置明细科目，进行明细核算。

6. 本科目下属各明细科目的期末借方余额合计数反映成员欠合作社的款项总额；期末贷方余额合计数反映合作社欠成员的款项总额。各明细科目年末借方余额合计数应在资产负债表“应收款项”反映；年末贷方余额合计数应在资产负债表“应付款项”反映。

121 产品物资

1. 本科目核算合作社库存的各种产品和物资。

2. 合作社购入并已验收入库的产品物资,按实际支付或应支付的价款,借记本科目,贷记“库存现金”、“银行存款”、“成员往来”、“应付款”等科目。

3. 合作社生产完工以及委托外单位加工完成并已验收入库的产品物资,按实际成本,借记本科目,贷记“生产成本”、“委托加工物资”等科目。

4. 产品物资销售时,按实现的销售收入,借记“库存现金”、“银行存款”、“应收款”等科目,贷记“经营收入”科目;按销售产品物资的实际成本,借记“经营支出”科目,贷记本科目。

5. 产品物资领用时,借记“生产成本”、“在建工程”、“管理费用”等科目,贷记本科目。

6. 合作社的产品物资应当定期清查盘点。盘亏和毁损产品物资,经审核批准后,按照责任人和保险公司赔偿的金额,借记“成员往来”、“应收款”等科目,按责任人或保险公司赔偿金额后的净损失,借记“其他支出”科目,按盘亏和毁损产品物资的账面余额,贷记本科目。

7. 本科目应按产品物资品名设置明细科目,进行明细核算。

8. 本科目期末借方余额,反映合作社库存产品物资的实际成本。

124 委托加工物资

1. 本科目核算合作社委托外单位加工的各种物资的实际成本。

2. 发给外单位加工的物资,按委托加工物资的实际成本,借记本科目,贷记“产品物资”等科目。

按合作社支付该项委托加工的全部费用(加工费、运杂费等),借记本科目,贷记"库存现金"、"银行存款"等科目。

3. 加工完成验收入库的物资,按加工收回物资的实际成本和剩余物资的实际成本,借记"产品物资"等科目,贷记本科目。

4. 本科目应按加工合同和受托加工单位等设置明细账,进行明细核算。

5. 本科目期末借方余额,反映合作社委托外单位加工但尚未加工完成物资的实际成本。

125 委托代销商品

1. 本科目核算合作社委托外单位销售的各种商品的实际成本。

2. 发给外单位销售的商品时,按委托代销商品的实际成本,借记本科目,贷记"产品物资"等科目。

3. 收到代销单位报来的代销清单时,按应收金额,借记"应收款"科目,按应确认的收入,贷记"经营收入"科目;按应支付的手续费等,借记"经营支出"科目,贷记"应收款"科目;同时,按代销商品的实际成本(或售价),借记"经营支出"等科目,贷记本科目;收到代销款时,借记"银行存款"等科目,贷记"应收款"科目。

4. 本科目应按代销商品或委托单位等设置明细账,进行明细核算。

5. 本科目期末借方余额,反映合作社委托外单位销售但尚未收到代销商品款的商品的实际成本。

127 受托代购商品

1. 本科目核算合作社接受委托代为采购商品的实际成本。

2. 合作社收到受托代购商品款时,借记"库存现金"、"银行存款"等科目,贷记"成员往来"等科目。

3. 合作社受托采购商品时，按采购商品的价款，借记本科目，贷记“库存现金”、“银行存款”、“应付款”等科目。

4. 合作社将受托代购商品交付给委托方时，按代购商品的实际成本，借记“成员往来”、“应付款”等科目，贷记本科目；如果受托代购商品收取手续费，按应收取的手续费，借记“成员往来”等科目，贷记“经营收入”科目。收到手续费时，借记“库存现金”、“银行存款”等科目，贷记“成员往来”等科目。

5. 本科目应按受托方设置明细账，进行明细核算。

6. 本科目期末借方余额，反映合作社受托采购尚未交付商品的实际成本。

128 受托代销商品

1. 本科目核算合作社接受委托代销商品的实际成本。

2. 合作社收到委托代销商品时，按合同或协议约定的价格，借记本科目，贷记“成员往来”等科目。

3. 合作社售出受托代销商品时，按实际收到的价款，借记“库存现金”、“银行存款”等科目，按合同或协议约定的价格，贷记本科目，如果实际收到的价款大于合同或协议约定的价格，按其差额，贷记“经营收入”等科目；如果实际收到的价款小于合同或协议约定的价格，按其差额，借记“经营支出”等科目。

4. 合作社给付委托方代销商品款时，借记“成员往来”等科目，贷记“库存现金”、“银行存款”等科目。

5. 本科目应按委托代销方设置明细账，进行明细核算。

6. 本科目期末借方余额，反映合作社尚未售出的受托代销商品的实际成本。

131 对外投资

1. 本科目核算合作社持有的各种对外投资，包括股票投资、债券投资和合作社兴办企业等投资。

2. 合作社以现金或实物资产(含牲畜和林木)等方式进行对外投资时,按照实际支付的价款或合同、协议确定的价值,借记本科目,贷记“库存现金”、“银行存款”等科目,合同或协议约定的实物资产价值与原账面余额之间的差额,借记或贷记“资本公积”科目。

3. 收回投资时,按实际收回的价款或价值,借记“库存现金”、“银行存款”等科目,按投资的账面余额,贷记本科目,实际收回的价款或价值与账面余额的差额,借记或贷记“投资收益”科目。

4. 被投资单位宣告分配现金股利或利润时,借记“应收款”等科目,贷记“投资收益”等科目;实际收到现金股利或利润时,借记“库存现金”、“银行存款”等科目,贷记“应收款”科目;获得股票股利时,不作账务处理,但应在备查簿中登记所增加的股份。

5. 投资发生损失时,按规定程序批准后,按照应由责任人和保险公司赔偿的金额,借记“应收款”、“成员往来”等科目,按照扣除由责任人和保险公司赔偿的金额后的净损失,借记“投资收益”科目,按照发生损失对外投资的账面余额,贷记本科目。

6. 本科目应按对外投资的种类设置明细科目,进行明细核算。

7. 本科目期末借方余额,反映合作社对外投资的实际成本。

141 牲畜(禽)资产

1. 本科目核算合作社购入或培育的牲畜(禽)的成本。牲畜(禽)资产分幼畜及育肥畜和产役畜2类。

2. 合作社购入幼畜及育肥畜时,按购买价及相关税费,借记本科目(幼畜及育肥畜),贷记“库存现金”、“银行存款”、“应付款”等科目;发生的饲养费用,借记本科目(幼畜及育肥畜),贷记“应付工资”、“产品物资”等科目。

3. 幼畜成龄转作产役畜时，按实际成本，借记本科目（产役畜），贷记本科目（幼畜及育肥畜）。

4. 产役畜的饲养费用不再记入本科目，借记“经营支出”科目，贷记“应付工资”、“产品物资”等科目。

5. 产役畜的成本扣除预计残值后的部分应在其正常生产周期内，按照直线法分期摊销，借记“经营支出”科目，贷记本科目（产役畜）。

6. 幼畜及育肥畜和产役畜对外销售时，按照实现的销售收入，借记“库存现金”、“银行存款”、“应收款”等科目，贷记“经营收入”科目；同时，按照销售牲畜的实际成本，借记“经营支出”科目，贷记本科目。

7. 以幼畜及育肥畜和产役畜对外投资时，按照合同、协议确定的价值，借记“对外投资”科目，贷记本科目，合同或协议确定的价值与牲畜资产账面余额之间的差额，借记或贷记“资本公积”科目。

8. 牲畜死亡毁损时，按规定程序批准后，按照过失人及保险公司应赔偿的金额，借记“成员往来”、“应收款”科目，如发生净损失，则按照扣除过失人和保险公司应赔偿金额后的净损失，借记“其他支出”科目，按照牲畜资产的账面余额，贷记本科目；如产生净收益，则按照牲畜资产的账面余额，贷记本科目，同时按照过失人及保险公司应赔偿金额超过牲畜资产账面余额的金额，贷记“其他收入”科目。

9. 本科目应设置“幼畜及育肥畜”和“产役畜”2 个二级科目，按牲畜（禽）的种类设置三级明细科目，进行明细核算。

10. 本科目期末借方余额，反映合作社幼畜及育肥畜和产役畜的账面余额。

142 林木资产

1. 本科目核算合作社购入或营造的林木成本。林木资产分经济林木和非经济林木2类。

2. 合作社购入经济林木时，按购买价及相关税费，借记本科目(经济林木)，贷记“库存现金”、“银行存款”、“应付款”等科目；购入或营造的经济林木投产前发生的培植费用，借记本科目(经济林木)，贷记“应付工资”、“产品物资”等科目。

3. 经济林木投产后发生的管护费用，不再记入本科目，借记“经营支出”科目，贷记“应付工资”、“产品物资”等科目。

4. 经济林木投产后，其成本扣除预计残值后的部分应在其正常生产周期内，按照直线法摊销，借记“经营支出”科目，贷记本科目(经济林木)。

5. 合作社购入非经济林木时，按购买价及相关税费，借记本科目(非经济林木)，贷记“库存现金”、“银行存款”、“应付款”等科目；购入或营造的非经济林木在郁闭前发生的培植费用，借记本科目(非经济林木)，贷记“应付工资”、“产品物资”等科目。

6. 非经济林木郁闭后发生的管护费用，不再记入本科目，借记“其他支出”科目，贷记“应付工资”、“产品物资”等科目。

7. 按规定程序批准后，林木采伐出售时，按照实现的销售收入，借记“库存现金”、“银行存款”、“应收款”等科目，贷记“经营收入”科目；同时，按照出售林木的实际成本，借记“经营支出”科目，贷记本科目。

8. 以林木对外投资时，按照合同、协议确定的价值，借记“对外投资”科目，贷记本科目；合同或协议确定的价值与林木资产账面余额之间的差额，借记或贷记“资本公积”科目。

9. 林木死亡毁损时，按规定程序批准后，按照过失人及保险公司应赔偿的金额，借记“成员往来”、“应收款”科目，如发生净损失，则按照扣除过失人和保险公司应赔偿金额后的净损失，借记“其他支出”科目，按照林木资产的账面余额，贷记本科目；如产生净收益，则按照林木资产的账面余额，贷记本科目，同时按照过失人及保险公司应赔偿金额超过林木资产账面余额的金额，贷记“其他收入”科目。

10. 本科目应设置“经济林木”和“非经济林木”2 个二级科目，按林木的种类设置三级科目，进行明细核算。

11. 本科目期末借方余额，反映合作社购入或营造林木的账面余额。

151 固定资产

1. 本科目核算合作社固定资产的原值。

合作社的房屋、建筑物、机器、设备、工具、器具、农业基本建设设施等，凡使用年限在 1 年以上、单位价值在 500 元以上的列为固定资产。有些主要生产工具和设备，单位价值虽然低于规定标准，但使用年限在 1 年以上的，也可列为固定资产。

合作社以经营租赁方式租入和以融资租赁方式租出的固定资产，不应列为合作社的固定资产。

2. 固定资产账务处理：

(1)购入不需要安装的固定资产，按原价加采购费、包装费、运杂费、保险费和相关税金等，借记本科目，贷记“银行存款”等科目。购入需要安装的固定资产，先记入“在建工程”科目，待安装完毕交付使用时，按照其实际成本，借记本科目，贷记“在建工程”科目。

(2)自行建造完成交付使用的固定资产，按建造该固定资产的实际成本，借记本科目，贷记“在建工程”科目。

(3)投资者投入的固定资产，按照投资各方确认的价值，借记本科目，按照经过批准的投资者所应拥有以合作社注册资本份额计算的资本金额，贷记“股金”科目，按照两者之间的差额，借记或贷记“资本公积”科目。

(4)收到捐赠的全新固定资产，按照所附发票所列金额加上应支付的相关税费，借记本科目，贷记“专项基金”科目；如果捐赠方未提供有关凭据，则按其市价或同类、类似固定资产的市场价格估计的金额，加上由合作社负担的运输费、保险费、安装调试费等作为固定资产成本，借记本科目，贷记“专项基金”科目。收到捐赠的旧固定资产，按照经过批准的评估价值或双方确认的价值，借记本科目，贷记“专项基金”科目。

(5)固定资产出售、报废和毁损等时，按固定资产账面净值，借记“固定资产清理”科目，按照应由责任人或保险公司赔偿的金额，借记“应收款”、“成员往来”等科目，按已提折旧，借记“累计折旧”科目，按固定资产原价，贷记本科目。

(6)对外投资投出固定资产时，按照投资各方确认的价值或者合同、协议约定的价值，借记“对外投资”科目，按已提折旧，借记“累计折旧”科目，按固定资产原价，贷记本科目，投资各方确认或协议价与固定资产账面净值之间的差额，借记或贷记“资本公积”科目。

(7)捐赠转出固定资产时，按固定资产净值，转入“固定资产清理”科目，应支付的相关税费，也通过“固定资产清理”科目进行归集，捐赠项目完成后，按“固定资产清理”科目的余额，借记“其他支出”科目，贷记“固定资产清理”科目。

3. 合作社应当设置“固定资产登记簿”和“固定资产卡片”，按固定资产类别、使用部门和每项固定资产进行明细核算。

4. 本科目期末借方余额，反映合作社期末固定资产的账面原价。

152 累计折旧

1. 本科目核算合作社拥有的固定资产计提的累计折旧。

2. 生产经营用的固定资产计提的折旧，借记“生产成本”科目，贷记本科目；管理用的固定资产计提的折旧，借记“管理费用”科目，贷记本科目；用于公益性用途的固定资产计提的折旧，借记“其他支出”科目，贷记本科目。

3. 本科目只进行总分类核算，不进行明细分类核算。

4. 本科目的期末贷方余额，反映合作社提取的固定资产折旧累计数。

153 在建工程

1. 本科目核算合作社进行工程建设、设备安装、农业基本建设设施建造等发生的实际支出。购入不需要安装的固定资产，不通过本科目核算。

2. 购入需要安装的固定资产，按其原价加上运输、保险、采购、安装等费用，借记本科目，贷记“库存现金”、“银行存款”、“应付款”等科目。

3. 建造固定资产和兴建农业基本建设设施购买专用物资以及发生工程费用，按实际支出，借记本科目，贷记“库存现金”、“银行存款”、“产品物资”等科目。

发包工程建设，根据合同规定向承包企业预付工程款，按实际预付的价款，借记本科目，贷记“银行存款”等科目；以拨付材料抵作工程款的，应按材料的实际成本，借记本科目，贷记“产品物资”等科目；将需要安装的设备交付承包企业进行安装时，应按该设备的成本，借记本科目，贷记“产品物资”等科目。与承包企业办理工程价款结算，补付的工程款，借记本科目，贷记“银行存款”、“应付款”等科目。

自营的工程，领用物资或产品时，应按领用物资或产品的实际成本，借记本科目，贷记“产品物资”等科目。工程应负担的员工工资等人员费用，借记本科目，贷记“应付工资”、“成员往来”等科目。

4. 购建和安装工程完成并交付使用时，借记"固定资产"科目，贷记本科目。

5. 工程完成未形成固定资产时，借记"其他支出"等科目，贷记本科目。

6. 本科目应按工程项目设置明细科目，进行明细核算。

7. 本科目期末借方余额，反映合作社尚未交付使用的工程项目的实际支出。

154 固定资产清理

1. 本科目核算合作社因出售、捐赠、报废和毁损等原因转入清理的固定资产净值及其在清理过程中所发生的清理费用和清理收入。

2. 出售、捐赠、报废和毁损的固定资产转入清理时，按固定资产账面净值，借记本科目，按已提折旧，借记"累计折旧"科目，按固定资产原值，贷记"固定资产"科目。

清理过程中发生的费用，借记本科目，贷记"库存现金"、"银行存款"等科目；收回出售固定资产的价款、残料价值和变价收入等，借记"银行存款"、"产品物资"等科目，贷记本科目；应当由保险公司或过失人赔偿的损失，借记"应收款"、"成员往来"等科目，贷记本科目。

3. 清理完毕后发生的净收益，借记本科目，贷记"其他收入"科目；清理完毕后发生的净损失，借记"其他支出"科目，贷记本科目。

4. 本科目应按被清理的固定资产设置明细科目，进行明细核算。

5. 本科目期末余额，反映合作社转入清理但尚未清理完毕的固定资产净值，以及固定资产清理过程中所发生的清理费用和变价收入等各项金额的差额。

161 无形资产

1. 本科目核算合作社持有的专利权、商标权、非专利技术等各种无形资产的价值。

2. 无形资产应按取得时的实际成本计价。合作社按下列原则确定取得无形资产的实际成本,登记入账:

(1)购入的无形资产,按实际支付的价款,借记本科目,贷记"库存现金"、"银行存款"等科目。

(2)自行开发并按法律程序申请取得的无形资产,按依法取得时发生的注册费、律师费等实际支出,借记本科目,贷记"库存现金"、"银行存款"等科目。

(3)接受捐赠的无形资产,按照所附发票所列金额加上应支付的相关税费;无所附单据的,按经过批准的价值,借记本科目,贷记"专项基金"、"银行存款"等科目。

(4)投资者投入的无形资产,按照投资各方确认的价值,借记本科目,按经过批准的投资者所应拥有的以合作社注册资本份额计算的资本金额,贷记"股金"等科目,按两者之间的差额,借记或贷记"资本公积"科目。

3. 无形资产从使用之日起,按直线法分期平均摊销,摊销年限不应超过10年。摊销时,借记"管理费用"科目,贷记本科目。

4. 出租无形资产所取得的租金收入,借记"银行存款"等科目,贷记"其他收入"科目;结转出租无形资产的成本时,借记"其他支出"科目,贷记本科目。

5. 出售无形资产,按实际取得的转让价款,借记"银行存款"等科目,按照无形资产的账面余额,贷记本科目,按应支付的相关税费,贷记"银行存款"等科目,按其差额,贷记"其他收入"或借记"其他支出"科目。

6. 本科目应按无形资产类别设置明细科目,进行明细核算。

7. 本科目期末借方余额，反映合作社所拥有的无形资产摊余价值。

201 短期借款

1. 本科目核算合作社从银行、信用社或其他金融机构，以及外部单位和个人借入的期限在1年以下(含1年)的各种借款。

2. 合作社借入各种短期借款时，借记“库存现金”、“银行存款”科目，贷记本科目。

3. 合作社发生的短期借款利息支出，直接计入当期损益，借记“其他支出”科目，贷记“库存现金”、“银行存款”等科目。

4. 归还短期借款时，借记本科目，贷记“库存现金”、“银行存款”科目。

5. 本科目应按借款单位和个人设置明细科目，进行明细核算。

6. 本科目期末贷方余额，反映合作社尚未归还的短期借款本金。

211 应付款

1. 本科目核算合作社与非成员之间发生的各种应付以及暂收款项，包括因购买产品物资和接受劳务、服务等应付的款项以及应付的赔款、利息等。

2. 合作社发生以上应付以及暂收款项时，借记“库存现金”、“银行存款”、“产品物资”等科目，贷记本科目。

3. 合作社偿还应付及暂收款项时，借记本科目，贷记“库存现金”、“银行存款”等科目。

4. 合作社确有无法支付的应付款时，按规定程序审批后，借记本科目，贷记“其他收入”科目。

5. 本科目应按发生应付款的非成员单位和个人设置明细账，

进行明细核算。

6. 本科目期末贷方余额，反映合作社应付但尚未付给非成员的应付及暂收款项。

212 应付工资

1. 本科目核算合作社应支付给管理人员及固定员工的工资总额。包括在工资总额内的各种工资、奖金、津贴、补助等，不论是否在当月支付，都应通过本科目核算。

2. 合作社应按劳动工资制度规定，编制“工资表”，计算各种工资。再由合作社财务会计人员将“工资表”进行汇总，编制“工资汇总表”。

3. 提取工资时，根据人员岗位进行工资分配，借记“生产成本”、“管理费用”、“在建工程”等科目，贷记本科目。

4. 实际支付工资时，借记本科目，贷记“库存现金”等科目。

5. 合作社应当设置“应付工资明细账”，按照管理人员和固定员工的姓名、类别以及应付工资的组成内容进行明细核算。

6. 本科目期末一般应无余额，如有贷方余额，反映合作社已提取但尚未支付的工资额。

221 应付盈余返还

1. 本科目核算合作社按成员与本社交易量（额）比例返还给成员的盈余，返还给成员的盈余不得低于可分配盈余的60%。

2. 合作社根据章程规定的盈余分配方案，按成员与本社交易量（额）提取返还盈余时，借记“盈余分配”科目，贷记本科目。实际支付时，借记本科目，贷记“库存现金”、“银行存款”等科目。

3. 本科目应按成员设置明细账，进行明细核算。

4. 本科目期末贷方余额，反映合作社尚未支付的盈余返还。

222 应付剩余盈余

1. 本科目核算合作社以成员账户中记载的出资额和公积金份额，以及本社接受国家财政直接补助和他人捐赠形成的财产平均量化到本社成员的份额，按比例分配给本社成员的剩余可分配盈余。

2. 合作社按交易量(额)返还盈余后，根据章程规定或者成员大会决定分配剩余盈余时，借记“盈余分配”科目，贷记本科目。实际支付时，借记本科目，贷记“库存现金”、“银行存款”等科目。

3. 本科目应按成员设置明细账，进行明细核算。

4. 本科目期末贷方余额，反映合作社尚未支付给成员的剩余盈余。

231 长期借款

1. 本科目核算合作社从银行等金融机构及外部单位和个人借入的期限在 1 年以上(不含 1 年)的各项借款。

2. 合作社借入长期借款时，借记“库存现金”、“银行存款”科目，贷记本科目。

3. 合作社长期借款利息应按期计提，借记“其他支出”科目，贷记“应付款”科目。

4. 合作社偿还长期借款时，借记本科目，贷记“库存现金”、“银行存款”科目。支付长期借款利息时，借记“应付款”科目，贷记“库存现金”、“银行存款”科目。

5. 本科目应按借款单位和个人设置明细账，进行明细核算。

6. 本科目期末贷方余额，反映合作社尚未偿还的长期借款本金。

235 专项应付款

1. 本科目核算合作社接受国家财政直接补助的资金。

2. 合作社收到国家财政补助的资金时，借记“库存现金”、“银行存款”等科目，贷记本科目。

3. 合作社按照国家财政补助资金的项目用途，取得固定资产、农业资产、无形资产等时，按实际支出，借记“固定资产”、“牲畜（禽）资产”、“林木资产”、“无形资产”等科目，贷记“库存现金”、“银行存款”等科目，同时借记本科目，贷记“专项基金”科目；用于开展信息、培训、农产品质量标准与认证、农业生产基础设施建设、市场营销和技术推广等项目支出时，借记本科目，贷记“库存现金”、“银行存款”等科目。

4. 本科目应按国家财政补助资金项目设置明细科目，进行明细核算。

5. 本科目期末贷方余额，反映合作社尚未使用和结转的国家财政补助资金数额。

301 股金

1. 本科目核算合作社通过成员入社出资、投资入股、公积金转增等所形成的股金。

2. 合作社收到成员以货币资金投入的股金，按实际收到的金额，借记“库存现金”、“银行存款”科目，按成员应享有合作社注册资本的份额计算的金额，贷记本科目，按两者之间的差额，贷记“资本公积”科目。

3. 合作社收到成员投资入股的非货币资产，按投资各方确认的价值，借记“产品物资”、“固定资产”、“无形资产”等科目，按成员应享有合作社注册资本的份额计算的金额，贷记本科目，按两者之间的差额，贷记或借记“资本公积”科目。

4. 合作社按照法定程序减少注册资本或成员退股时，借记本科目，贷记“库存现金”、“银行存款”、“固定资产”、“产品物资”等科目，并在有关明细账及备查簿中详细记录股金发生的变动情况。

5. 成员按规定转让出资的，应在成员账户和有关明细账及备查簿中记录受让方。

6. 本科目应按成员设置明细科目，进行明细核算。

7. 本科目期末贷方余额，反映合作社实有的股金数额。

311 专项基金

1. 本科目核算合作社通过国家财政直接补助转入和他人捐赠形成的专项基金。

2. 合作社使用国家财政直接补助资金取得固定资产、农业资产和无形资产等时，按实际使用国家财政直接补助资金的数额，借记“专项应付款”科目，贷记本科目。

3. 合作社实际收到他人捐赠的货币资金时，借记“库存现金”、“银行存款”科目，贷记本科目。

合作社收到他人捐赠的非货币资产时，按照所附发票记载金额加上应支付的相关税费，借记“固定资产”、“产品物资”等科目，贷记本科目；无所附发票的，按照经过批准的评估价值，借记“固定资产”、“产品物资”等科目，贷记本科目。

4. 本科目应按专项基金的来源设置明细科目，进行明细核算。

5. 本科目期末贷方余额，反映合作社实有的专项基金数额。

321 资本公积

1. 本科目核算合作社形成的资本公积。

2. 成员入社投入货币资金和实物资产时，按实际收到的金额和投资各方确认的价值，借记“库存现金”、“银行存款”、“固定资产”、“产品物资”等科目，按其应享有合作社注册资本的份额计算的金额，贷记“股金”科目，按两者之间的差额，贷记或借记本科目。

3. 合作社以实物资产方式进行对外投资时，按照投资各方确认的价值，借记“对外投资”科目，按投出实物资产的账面余额，贷记“固定资产”、“产品物资”等科目，按两者之间的差额，借记或贷记本科目。

4. 合作社用资本公积转增股金时，借记本科目，贷记“股金”科目。

5. 本科目应按资本公积的来源设置明细科目，进行明细核算。

6. 本科目期末贷方余额，反映合作社实有的资本公积数额。

322 盈余公积

1. 本科目核算合作社从盈余中提取的盈余公积。

2. 合作社提取盈余公积时，借记“盈余分配”科目，贷记本科目。

3. 合作社用盈余公积转增股金或弥补亏损等时，借记本科目，贷记“股金”、“盈余分配”等科目。

4. 本科目应按用途设置明细科目，进行明细核算。

5. 本科目期末贷方余额，反映合作社实有的盈余公积数额。

331 本年盈余

1. 本科目核算合作社本年度实现的盈余。

2. 会计期末结转盈余时，应将“经营收入”、“其他收入”科目的余额转入本科目的贷方，借记“经营收入”、“其他收入”科目，贷记本科目；同时将“经营支出”、“管理费用”、“其他支出”科目的余额转入本科目的借方，借记本科目，贷记“经营支出”、“管理费用”、“其他支出”科目。“投资收益”科目的净收益转入本科目的贷方，借记“投资收益”科目，贷记本科目；如为投资净损失，转入本科目的借方，借记本科目，贷记“投资收益”科目。

3. 年度终了，应将本年收入和支出相抵后结出的本年实现的净盈余，转入“盈余分配”科目，借记本科目，贷记“盈余分配——未分配盈余”科目；如为净亏损，作相反会计分录，结转后本科目应无余额。

332 盈余分配

1. 本科目核算合作社当年盈余的分配(或亏损的弥补)和历年分配后的结存余额。本科目设置“各项分配”和“未分配盈余”2个二级科目。

2. 合作社用盈余公积弥补亏损时，借记“盈余公积”科目，贷记本科目(未分配盈余)。

3. 按规定提取盈余公积时，借记本科目(各项分配)，贷记“盈余公积”等科目。

4. 按交易量(额)向成员返还盈余时，借记本科目(各项分配)，贷记“应付盈余返还”科目。

5. 以合作社成员账户中记载的出资额和公积金份额，以及本社接受国家财政直接补助和他人捐赠形成的财产平均量化到成员的份额，按比例分配剩余盈余时，借记本科目(各项分配)，贷记“应付剩余盈余”科目。

6. 年终，合作社应将全年实现的盈余总额，自“本年盈余”科目转入本科目，借记“本年盈余”科目，贷记本科目(未分配盈余)，如为净亏损，作相反会计分录。同时，将本科目下的“各项分配”明细科目的余额转入本科目“未分配盈余”明细科目，借记本科目(未分配盈余)，贷记本科目(各项分配)。年度终了，本科目的“各项分配”明细科目应无余额，“未分配盈余”明细科目的贷方余额表示未分配的盈余，借方余额表示未弥补的亏损。

7. 本科目应按盈余的用途设置明细科目，进行明细核算。

8. 本科目余额为合作社历年积存的未分配盈余（或未弥补亏损）。

401 生产成本

1. 本科目核算合作社直接组织生产或提供劳务服务所发生的各项生产费用和劳务服务成本。

2. 合作社发生各项生产费用和劳务服务成本时，应按成本核算对象和成本项目分别归集，借记本科目，贷记“库存现金”、“银行存款”、“产品物资”、“应付工资”、“成员往来”、“应付款”等科目。

3. 会计期间终了，合作社已经生产完成并已验收入库的产成品，按实际成本，借记“产品物资”科目，贷记本科目。

4. 合作社提供劳务服务实现销售时，借记“经营支出”科目，贷记本科目。

5. 本科目应按生产费用和劳务服务成本种类设置明细科目，进行明细核算。

6. 本科目期末借方余额，反映合作社尚未生产完成的各项在产品和尚未完成的劳务服务成本。

501 经营收入

1. 本科目核算合作社销售产品、提供劳务，以及为成员代购代销、向成员提供技术、信息服务等活动取得的收入。

2. 合作社实现经营收入时，应按实际收到或应收的价款，借记“库存现金”、“银行存款”、“应收款”、“成员往来”等科目，贷记本科目。

3. 本科目应按经营项目设置明细科目，进行明细核算。

4. 年终，应将本科目的余额转入“本年盈余”科目的贷方，结转后本科目应无余额。

502 其他收入

1. 本科目核算合作社除经营收入以外的其他收入。

2. 合作社发生其他收入时，借记“库存现金”、“银行存款”等科目，贷记本科目。

3. 本科目应按其他收入的来源设置明细科目，进行明细核算。

4. 年终，应将本科目的余额转入“本年盈余”科目的贷方，结转后本科目应无余额。

511 投资收益

1. 本科目核算合作社对外投资取得的收益或发生的损失。

2. 合作社取得投资收益时，借记“库存现金”、“银行存款”等科目，贷记本科目；到期收回或转让对外投资时，按实际取得的价款，借记“库存现金”、“银行存款”等科目，按原账面余额，贷记“对外投资”科目，按实际取得价款和原账面余额的差额，借记或贷记本科目。

3. 本科目应按投资项目设置明细科目，进行明细核算。

4. 年终，应将本科目的余额转入“本年盈余”科目的贷方；如为净损失，转入“本年盈余”科目的借方，结转后本科目应无余额。

521 经营支出

1. 本科目核算合作社因销售产品、提供劳务，以及为成员代购代销，向成员提供技术、信息服务等活动发生的支出。

2. 合作社发生经营支出时，借记本科目，贷记“产品物资”、“生产成本”、“应付工资”、“成员往来”、“应付款”等科目。

3. 本科目应按经营项目设置明细科目，进行明细核算。

4. 年终，应将本科目的余额转入“本年盈余”科目的借方，结转后本科目应无余额。

522 管理费用

1. 本科目核算合作社为组织和管理生产经营活动而发生的各项支出，包括合作社管理人员的工资、办公费、差旅费、管理用固定资产的折旧、业务招待费、无形资产摊销等。

2. 合作社发生管理费用时，借记本科目，贷记"应付工资"、"库存现金"、"银行存款"、"累计折旧"、"无形资产"等科目。

3. 本科目应按管理费用的项目设置明细科目，进行明细核算。

4. 年终，应将本科目的余额转入"本年盈余"科目的借方，结转后本科目应无余额。

529 其他支出

1. 本科目核算合作社发生的除"经营支出"、"管理费用"以外的其他各项支出，如农业资产死亡毁损支出、损失、固定资产及产品物资的盘亏、损失、罚款支出、利息支出、捐赠支出、无法收回的应收款项损失等。

2. 合作社发生其他支出时，借记本科目，贷记"库存现金"、"银行存款"、"产品物资"、"累计折旧"、"应付款"、"固定资产清理"等科目。

3. 本科目应按其他支出的项目设置明细科目，进行明细核算。

4. 年终，应将本科目的余额转入"本年盈余"科目的借方，结转后本科目应无余额。

四、会计报表

（一）会计报表是反映合作社某一特定日期财务状况和某一会计期间经营成果的书面报告。合作社应按照规定准确、及时、完整地编制会计报表，向登记机关、农村经营管理部门和有关单位报送，并按时置备于办公地点，供成员查阅。

（二）合作社应编制资产负债表、盈余及盈余分配表、成员权益变动表、科目余额表和收支明细表、财务状况说明书等。

合作社应按登记机关规定的时限和要求，及时报送资产负债表、盈余及盈余分配表和成员权益变动表。

各级农村经营管理部门，应对所辖地区报送的合作社资产负债表、盈余及盈余分配表和成员权益变动表进行审查，然后逐级汇总上报，同时附送财务状况说明书，按规定时间报农业部。

（三）资产负债表、盈余及盈余分配表和成员权益变动表格式及编制说明如下，科目余额表和收支明细表的格式及编制说明由各省、自治区、直辖市财政部门和农村经营管理部门根据本制度进行规定。

1. 资产负债表格式

2. 资产负债表编制说明

(1)本表反映合作社一定日期全部资产、负债和所有者权益状况。

(2)本表“年初数”栏内各项数字，应根据上年末资产负债表“年末数”栏内所列数字填列。如果本年度资产负债表规定的各个项目的名称和内容同上年度不相一致，应对上年末资产负债表各项目的名称和数字按照本年度的规定进行调整，填入本表“年初数”栏内，并加以书面说明。

(3)本表“年末数”各项目的内容及其填列方法：

①“货币资金”项目，反映合作社库存现金、银行结算账户存款等货币资金的合计数。本项目应根据“库存现金”、“银行存款”科目的年末余额合计填列。

②“应收款项”项目，反映合作社应收而未收回和暂付的各种款项。本项目应根据“应收款”和“成员往来”各明细科目年末借方余额合计数合计填列。

资产负债表

____年____月____日

会农社 01 表

编制单位：　　　　　　　　　　　　　　　　　　　　单位：　元

资产	行次	年初数	年末数	负债及所有者权益	行次	年初数	年末数
流动资产：				流动负债：			
货币资金	1			短期借款	30		
应收款项	5			应付款项	31		
存货	6			应付工资	32		
流动资产合计	10			应付盈余返还	33		
				应付剩余盈余	35		
长期资产：				流动负债合计	36		
对外投资	11						
农业资产：							
牲畜（禽）资产	12			长期负债：			
林木资产	13			长期借款	40		
农业资产合计	15			专项应付款	41		

续 表

______年______月______日

会农社 01 表

编制单位：　　　　　　　　　　　　　　　　　　　　　　　　　　　单位：　元

资产	行次	年初数	年末数	负债及所有者权益	行次	年初数	年末数
固定资产：				长期负债合计	42		
固定资产原值	16			负债合计	43		
减：累计折旧	17						
固定资产净值	20						
固定资产清理	21			所有者权益：			
在建工程	22			股金	44		
固定资产合计	25			专项基金	45		
其他资产：				资本公积	46		
无形资产	27			盈余公积	47		
长期资产合计	28			未分配盈余	50		
资产总计	29			所有者权益合计	51		
				负债和所有者权益总计	54		

补充资料

项　目	金　额
无法收回、尚未批准核销的应收款项	
盘亏、毁损和报废、尚未批准核销的存货	
无法收回、尚未批准核销的对外投资	
死亡毁损、尚未批准核销的农业资产	
盘亏、毁损和报废、尚未批准核销的固定资产	
毁损和报废、尚未批准核销的在建工程	
注销和无效、尚未批准核销的无形资产	

③“存货”项目，反映合作社年末在库、在途和在加工中的各项存货的价值，包括各种材料、燃料、机械零配件、包装物、种子、化肥、农药、农产品、在产品、半成品、产成品等。本项目应根据“产品物资”、“受托代销商品”、“受托代购商品”、“委托加工物资”、“委托代销商品”、“生产成本”科目年末余额合计填列。

④“对外投资”项目，反映合作社的各种投资的账面余额。本项目应根据“对外投资”科目的年末余额填列。

⑤“牲畜（禽）资产”项目，反映合作社购入或培育的幼畜及育肥畜和产役畜的账面余额。本项目应根据“牲畜（禽）资产”科目的年末余额填列。

⑥“林木资产”项目，反映合作社购入或营造的林木的账面余额。本项目应根据“林木资产”科目的年末余额填列。

⑦“固定资产原值”项目和“累计折旧”项目，反映合作社各种固定资产原值及累计折旧。这 2 个项目应根据“固定资产”科目和“累计折旧”科目的年末余额填列。

⑧“固定资产清理”项目，反映合作社因出售、报废、毁损等原因转入清理但尚未清理完毕的固定资产的账面净值，以及固定资产清理过程中所发生的清理费用和变价收入等各项金额的差额。本项目应根据“固定资产清理”科目的年末借方余额填列；如为贷方余额，本项目数字应以“－”号表示。

⑨“在建工程”项目，反映合作社各项尚未完工或虽已完工但尚未办理竣工决算和交付使用的工程项目实际成本。本项目应根据“在建工程”科目的年末余额填列。

⑩“无形资产”项目，反映合作社持有的各项无形资产的账面余额。本项目应根据“无形资产”科目的年末余额填列。

⑪“短期借款”项目，反映合作社借入尚未归还的 1 年期以下（含 1 年）的借款。本项目应根据“短期借款”科目的年末余额填列。

⑫“应付款项”项目，反映合作社应付而未付及暂收的各种款项。本项目应根据“应付款”科目年末余额和“成员往来”各明细科目年末贷方余额合计数合计填列。

⑬“应付工资”项目，反映合作社已提取但尚未支付的人员工资。本项目应根据“应付工资”科目的年末余额填列。

⑭“应付盈余返还”项目，反映合作社按交易量（额）应支付但尚未支付给成员的可分配盈余返还。本项目应根据“应付盈余返还”科目的年末余额填列。

⑮“应付剩余盈余”项目，反映合作社以成员账户中记载的出资额和公积金份额，以及本社接受国家财政直接补助和他人捐赠形成的财产平均量化到本社成员的、应支付但尚未支付给成员的剩余盈余。本项目应根据“应付剩余盈余”科目的年末余额填列。

⑯“长期借款”项目，反映合作社借入尚未归还的1年期以上（不含1年）的借款。本项目应根据“长期借款”科目的年末余额填列。

⑰“专项应付款”项目，反映合作社实际收到国家财政直接补助而尚未使用和结转的资金数额。本项目应根据“专项应付款”科目的年末余额填列。

⑱“股金”项目，反映合作社实际收到成员投入的股金总额。本项目应根据“股金”科目的年末余额填列。

⑲“专项基金”项目，反映合作社通过国家财政直接补助转入和他人捐赠形成的专项基金总额。本项目应根据“专项基金”科目年末余额填列。

⑳“资本公积”项目，反映合作社资本公积的账面余额。本项目应根据“资本公积”科目的年末余额填列。

㉑“盈余公积”项目，反映合作社盈余公积的账面余额。本项目应根据“盈余公积”科目的年末余额填列。

㉒“未分配盈余”项目，反映合作社尚未分配的盈余。本项目

应根据“本年盈余”科目和“盈余分配”科目的年末余额计算填列；未弥补的亏损，在本项目内数字以“－”号表示。

3. 盈余及盈余分配表格式

盈余及盈余分配表

________年

会农社 02 表

编制单位：　　　　　　　　　　　　　　　　　　单位：　元

项目	行次	金额	项目	行次	金额
本年盈余			**盈余分配**		
一、经营收入	1		四、本年盈余	16	
加：投资收益	2		加：年初未分配盈余	17	
减：经营支出	5		其他转入	18	
管理费用	6		五、可分配盈余	21	
二、经营收益	10		减：提取盈余公积	22	
加：其他收入	11		盈余返还	23	
减：其他支出	12		剩余盈余分配	24	
三、本年盈余	15		六、年末未分配盈余	28	

4. 盈余及盈余分配表编制说明

(1)本表反映合作社一定期间内实现盈余及其分配的实际情况。

(2)本表主要项目的内容及填列方法如下：

①“经营收入”项目，反映合作社进行生产、销售、服务、劳务等活动取得的收入总额。本项目应根据“经营收入”科目的发生额分析填列。

②“投资收益”项目，反映合作社以各种方式对外投资所取得的收益。本项目应根据“投资收益”科目的发生额分析填列；如为投资损失，以“－”号填列。

③“经营支出”项目，反映合作社进行生产、销售、服务、劳务等活动发生的支出。本项目应根据“经营支出”科目的发生额分析填列。

④“管理费用”项目，反映合作社为组织和管理生产经营服务活动而发生的费用。本项目应根据“管理费用”科目的发生额分析填列。

⑤“其他收入”项目和“其他支出”项目，反映合作社除从事主要生产经营活动以外而取得的收入和支出，本项目应根据“其他收入”和“其他支出”科目的发生额分析填列。

⑥“本年盈余”项目，反映合作社本年实现的盈余总额。如为亏损总额，本项目数字以“－”号填列。

⑦“年初未分配盈余”项目，反映合作社上年度未分配的盈余。本项目应根据上年度盈余及盈余分配表中的“年末未分配盈余”数额填列。

⑧“其他转入”项目，反映合作社按规定用公积金弥补亏损等转入的数额。本项目应根据实际转入的公积金数额填列。

⑨“可分配盈余”项目，反映合作社年末可供分配的盈余总额。本项目应根据“本年盈余”项目、“年初未分配盈余”项目和“其他转入”项目的合计数填列。

⑩“提取盈余公积”项目，反映合作社按规定提取的盈余公积数额。本项目应根据实际提取的盈余公积数额填列。

⑪“盈余返还”项目，反映按交易量(额)应返还给成员的盈余。本项目应根据“盈余分配”科目的发生额分析填列。

⑫“剩余盈余分配”项目，反映按规定应分配给成员的剩余可分配盈余。本项目应根据“盈余分配”科目的发生额分析填列。

⑬“年末未分配盈余”项目，反映合作社年末累计未分配的盈余。如为未弥补的亏损，本项目数字以“－”号填列。本项目应根据“可分配盈余”项目扣除各项分配数额的差额填列。

5. 成员权益变动表格式

6. 成员权益变动表编制说明

(1)本表反映合作社报告年度成员权益增减变动的情况。

(2)本表各项目应根据“股金”、“专项基金”、“资本公积”、“盈余公积”、“盈余分配”科目的发生额分析填列。

(3)未分配盈余的本年增加数是指本年实现盈余数(净亏损以“—”号填列)。

7. 成员账户表格式

8. 成员账户编制说明

(1)本表反映合作社成员入社的出资额、量化到成员的公积金份额、成员与本社的交易量(额)以及返还给成员的盈余和剩余盈余金额。

(2)年初将上年各项公积金数额转入,本年发生公积金份额变化时,按实际发生变化数填列调整。“形成财产的财政补助资金量化份额”、“捐赠财产量化份额”在年度终了,或合作社进行剩余盈余分配时,根据实际发生情况或变化情况计算填列调整。

(3)成员与合作社发生经济业务往来时,“交易量(额)”按实际发生数填列。

(4)年度终了,以“成员出资”、“公积金份额”、“形成财产的财政补助资金量化份额”、“捐赠财产量化份额”合计数汇总成员应享有的合作社公积金份额,以“盈余返还金额”和“剩余盈余返还金额”合计数汇总成员全年盈余返还总额。

(四)财务状况说明书

财务状况说明书是对合作社一定会计期间生产经营、提供劳务服务以及财务、成本情况进行分析说明的书面文字报告。合作社应于年末编制财务状况说明书,对年度内财务状况做出书面分析报告,进行全面系统的分析说明。财务状况说明书没有统一的格式,但其内容至少应涵盖以下几个方面。

成员权益变动表

编制单位：　　　　　　　　　　　年　　　　　　　　　　单位：　元　　　　　　　　　会农社03表

项目	股金	专项基金	资本公积	盈余公积	未分配盈余	合计
年初余额						
本年增加数						
	其中：	其中：	其中：	其中：		
	资本公积转增	国家财政直接补助	股金溢价	从盈余中提取		
	盈余公积转增	接受捐赠转入	资产评估增值			
	成员增加出资					
本年减少数						
					其中：	
					按交易量（额）分配的盈余：	
					剩余盈余分配	
年末余额						

附 录 2

成员账户

成员姓名：　　　　　　　　联系地址：　　　　　　　　第　　页

编号	年		摘要	成员出资	公积金份额	形成财产的财政补助资金量化份额	捐赠财产量化份额	交易量		交易额		盈余返还金额	剩余盈余返还金额
	月	日						产品 1	产品 2	产品 1	产品 2		
1													
2													
3													
4													
5													
年终合计													
				公积金总额：			盈余返还总额：						

1. 合作社生产经营服务的基本情况

包括：合作社的股金总额、成员总数、农民成员数及所占的比例、主要服务对象、主要经营项目等情况。

2. 成员权益结构

(1)理事长、理事、执行监事、监事会成员名单及变动情况；

(2)各成员的出资额，量化为各成员的公积金份额，以及成员入社和退社情况；

(3)企事业单位或社会团体成员个数及所占的比例；

(4)成员权益变动情况。

3. 其他重要事项

(1)变更主要经营项目；

(2)从事的进出口贸易；

(3)重大财产处理、大额举债、对外投资和担保；

(4)接受捐赠；

(5)国家财政支持和税收优惠；

(6)与成员的交易量(额)和与利用其提供的服务的非成员的交易量(额)；

(7)提取盈余公积的比例；

(8)盈余分配方案、亏损处理方案；

(9)未决诉讼、仲裁。

五、会计凭证、会计账簿和会计档案

(一)会计凭证是记载经济业务发生、明确经济责任的书面文件，是记账的依据。合作社每发生一项经济业务，都要取得原始凭证，并据以编制记账凭证。各种原始凭证必须具备：凭证名称、填制日期、填制凭证单位名称或者填制人姓名、经办人员的签名或者盖章、接受凭证单位名称、经济业务内容、数量单价金额。记账凭证必须具备：填制日期、凭证编号、经济业务摘要、会计科目、金额、所附原始凭证张数等，并须由填制和审核人员签名盖章。

（二）所有会计凭证都要按规定手续和时间送会计人员审核处理。填制有误和不符合要求的会计凭证，应要求修正和重填。无效、不合法和不符合财务制度规定的凭证，不能作为收付款项、办理财务手续和记账的依据。会计人员应根据审核无误的原始凭证，填制记账凭证，并据以登记账簿。记账凭证可以根据每一原始凭证单独填制，也可以根据原始凭证汇总表填制。一定时期终了，应将已经登记过账簿的原始凭证和记账凭证，分类装订成册，妥善保管。

（三）会计账簿是记录经济业务的簿籍，是编制会计报表的依据。合作社应设置现金日记账和银行存款日记账、总分类账和各种必要的明细分类账。

现金日记账和银行存款日记账，应由出纳人员根据收、付款凭证，按有关经济业务完成时间的先后顺序进行登记，一律采用订本账。总分类账按照总账科目设置，对全部经济业务进行总括分类登记；明细分类账按明细科目设置，对有关经济业务进行明细分类登记。总分类账可用订本账或活页账；明细分类账可用活页账或卡片账。

对于不能在日记账和分类账中记录的，而又需要查考的经济事项，合作社必须另设备查账簿进行账外登记。

（四）合作社所使用的各种会计凭证和会计账簿的内容和格式，应符合《中华人民共和国会计法》、《会计基础工作规范》（财会字【1996】19 号）和《会计档案管理办法》（财会字【1998】32 号）等规定。

（五）账簿登记要做到数字正确、摘要清楚、登记及时。各种账簿的记录，应定期核对，做到账证相符、账实相符、账款相符、账账相符和账表相符。

（六）启用新账，必须填写账簿启用表，并编制目录。旧账结清后，要及时整理，装订成册，归档保管。

（七）合作社的会计档案包括经济合同或协议，各项财务计划及盈余分配方案，各种会计凭证、会计账簿和会计报表、会计人员交接清单、会计档案销毁清单等。

(八)合作社要按照《会计档案管理办法》(财会字【1998】32号)的规定,加强对会计档案的管理。建立会计档案室(柜),实行统一管理,专人负责,做到完整无缺、存放有序、方便查找。

附:会计档案保管期限

会计档案名称	保管期限	备注
一、会计凭证类		
1. 原始凭证、记账凭证和汇总凭证	15 年	
其中:涉及外事和其他重要的会计凭证	永久	
2. 银行存款余额调节表	3 年	
二、会计账簿类		
1. 日记账	15 年	
其中:现金和银行存款日记账	25 年	
2. 明细账	15 年	
3. 总账	15 年	包括日记总账
4. 固定资产卡片		固定资产报废清理后保存 5 年
5. 辅助账簿	15 年	
三、会计报表类		
年度会计报表	永久	包括文字分析
四、其他类		
1. 会计移交清册	15 年	
2. 会计档案保管清册	25 年	
3. 会计档案销毁清册	25 年	

附录 3

财政部 国家税务总局关于农民专业合作社有关税收政策的通知(财税【2008】81 号)

各省、自治区、直辖市、计划单列市财政厅(局)、国家税务局、地方税务局,新疆生产建设兵团财务局:

经国务院批准,现将农民专业合作社有关税收政策通知如下:

一、对农民专业合作社销售本社成员生产的农业产品,视同农业生产者销售自产农业产品免征增值税。

二、增值税一般纳税人从农民专业合作社购进的免税农业产品,可按 13%的扣除率计算抵扣增值税进项税额。

三、对农民专业合作社向本社成员销售的农膜、种子、种苗、化肥、农药、农机,免征增值税。

四、对农民专业合作社与本社成员签订的农业产品和农业生产资料购销合同,免征印花税。

本通知所称农民专业合作社,是指依照《中华人民共和国农民专业合作社法》规定设立和登记的农民专业合作社。

本通知自 2008 年 7 月 1 日起执行。

二〇〇八年六月二十四日

参考文献

[1] 中华人民共和国农民专业合作社法.
[2] 农民专业合作社财务会计制度(试行).
[3] 白兆秀. 农民专业合作社财务管理与会计核算问题研究. 北京:中国农业大学出版社,2009.

城郊农村如何搞好人民调解　9.00
城郊农村如何发展蔬菜业　6.50
城郊农村如何发展果业　7.50
城郊农村如何发展食用菌业　9.00
城郊农村如何发展畜禽养殖业　14.00
城郊农村如何发展花卉业　7.00
城郊农村如何发展苗圃业　9.00
城郊农村如何发展观光农业　8.50
城郊农村如何搞好农产品贸易　6.50
城郊农村如何办好集体企业和民营企业　8.50
城郊农村如何搞好小城镇建设　10.00
农村规划员培训教材　8.00
农资农家店营销员培训教材　8.00
新农村经纪人培训教材　8.00
农村经济核算员培训教材　9.00
农村气象信息员培训教材　8.00
农村电脑操作员培训教材　8.00
农村沼气工培训教材　10.00
耕地机械作业手培训教材　10.00
玉米农艺工培训教材　10.00
小麦植保员培训教材　9.00
小麦农艺工培训教材　8.00
水稻植保员培训教材　10.00
水稻农艺工培训教材(北方本)　12.00
绿叶菜类蔬菜园艺工培训教材(北方本)　9.00
绿叶菜类蔬菜园艺工培训教材(南方本)　8.00
豆类蔬菜园艺工培训教材(北方本)　10.00
蔬菜植保员培训教材(北方本)　10.00
蔬菜贮运工培训教材　10.00
果品贮运工培训教材　8.00
果树植保员培训教材(北方本)　9.00
果树育苗工培训教材　10.00
西瓜园艺工培训教材　9.00
茶厂制茶工培训教材　10.00
园林绿化工培训教材　10.00
园林育苗工培训教材　9.00

以上图书由全国各地新华书店经销。凡向本社邮购图书或音像制品，可通过邮局汇款，在汇单“附言”栏填写所购书目，邮购图书均可享受9折优惠。购书30元(按打折后实款计算)以上的免收邮挂费，购书不足30元的按邮局资费标准收取3元挂号费，邮寄费由我社承担。邮购地址：北京市丰台区晓月中路29号，邮政编码：100072，联系人：金友，电话：(010) 83210681、83210682、83219215、83219217(传真)。